# ÉCOLE DE LA PAIX SOCIALE

FONDÉE PAR

## F. LE PLAY

SECRÉTARIAT GÉNÉRAL : 54, rue de Seine.

## SOCIÉTÉ INTERNATIONALE D'ÉCONOMIE SOCIALE

La Société, fondée par Le Play, s'est constituée le 27 novembre 1856, pour remplir le vœu exprimé par l'Académie des sciences, en couronnant l'ouvrage intitulé les *Ouvriers européens*. Elle applique à l'étude comparée des diverses constitutions sociales la méthode d'observation, dite des monographies des familles. Elle reproduit les monographies les plus remarquables dans le recueil intitulé les *Ouvriers des deux mondes*, et publie le compte rendu *in extenso* de ses séances dans la *Réforme sociale*, bulletin de la *Société d'économie sociale et des Unions*.

La *Société d'Economie sociale* se compose de *Membres honoraires* versant une cotisation de 100 francs par an, au minimum, et de *Membres titulaires* payant 25 francs. L'un et l'autre de ces deux prix donnent droit à recevoir la *Réforme sociale*, qui est adressée à tous les Membres deux fois par mois, le 1er et le 16; et les *Ouvriers des deux mondes* qui paraissent par fascicules trimestriels.

De 1865 à 1885 le *Bulletin* des séances forme 9 vol. in-8° avec tables méthodiques. La collection complète (rare) : 68 francs. — Depuis 1886, le *Bulletin* est remplacé par la *Réforme sociale*, 2e, 3e, 4e et 5e séries.

---

## LES UNIONS DE LA PAIX SOCIALE

Les *Unions* ont pour but de propager et de mettre en pratique les doctrines de l'*École de la paix sociale*. Elles sont réparties par petits groupes en France et à l'étranger. Leur action s'exerce par l'intermédiaire de CORRESPONDANTS locaux.

Les membres sont invités à transmettre au secrétariat général les faits qu'ils ont pu observer autour d'eux, ou les renseignements qui sont parvenus à leur connaissance. Ces communications sont, suivant leur importance, mentionnées ou reproduites dans la *Réforme sociale*.

Les *Unions* se composent de membres *associés* et de membres *titulaires*. Les membres *associés* versent une cotisation annuelle de 15 francs (France et étranger) qui leur donne droit à recevoir deux fois par mois la *Réforme sociale*, bulletin de la *Société* et des *Unions*. Les *membres titulaires* concourent plus intimement aux travaux qui servent de base à la doctrine des *Unions*; ils payent, outre la cotisation annuelle, un droit d'entrée de 10 francs au moment de leur admission, et reçoivent, en retour, pour une *valeur égale* d'ouvrages choisis dans la *Bibliothèque de la paix sociale* et livrés au prix de revient.

Pour être admis dans les *Unions de la paix sociale*, il faut être présenté par un membre, ou bien adresser directement une demande d'admission au Secrétaire général, rue de Seine, 54, à Paris. Les noms des membres nouvellement admis sont publiés dans la *Réforme sociale*.

De 1875 à 1881 les travaux des Unions ont été publiés dans des *Annuaires* dont la collection forme 5 vol. au prix de 15 francs. — Depuis 1881 l'*Annuaire* est remplacé par la *Réforme sociale*.

---

## COMITÉ DE DÉFENSE ET DE PROGRÈS SOCIAL

Le *Comité*, conformément à un vœu émis par le Congrès de la Société et des Unions en 1894, s'est constitué sous la présidence de M. Anatole Leroy-Beaulieu, de l'Institut, pour défendre les vérités sociales et combattre les erreurs collectivistes, à Paris et en province, par des conférences et des publications populaires. Le Comité, sans demander aujourd'hui de cotisation régulière, recevra avec reconnaissance les souscriptions de 20 fr. et au-dessus, afin de couvrir les frais d'organisation et de publication des conférences. — Voir plus loin la liste des publications du Comité.

# LES
# PROCÉDÉS D'EXPLOITATION
## DU GRAND COMMERCE

ET

## LEUR APPLICATION AU PETIT COMMERCE

PAR

## M. H. LAMBRECHTS

Extrait de la *RÉFORME SOCIALE*
(1er Septembre et 1er Octobre 1910)

PARIS

AU SECRÉTARIAT DE LA SOCIÉTÉ D'ÉCONOMIE SOCIALE

54, RUE DE SEINE, PARIS (VIe)

1910

# LES PROCÉDÉS D'EXPLOITATION

## DU GRAND COMMERCE

### ET LEUR APPLICATION AU PETIT COMMERCE (1)

La matière est un peu inusitée : c'est un voyage d'exploration qui m'a été imposé par le comité organisateur de ce Congrès. Je dois m'excuser si je m'attarde à quelques considérations préliminaires, mais elles me paraissent indispensables pour déterminer la région vers laquelle on vous convie ; j'ai éprouvé dès l'origine le besoin impérieux de principes directeurs.

Le titre de ce rapport vous est connu : il s'agit *des procédés d'exploitation mis en œuvre par le grand commerce dans leurs applications au petit commerce et à la petite industrie.* Je n'ai pas eu le choix du sujet ; et, en acceptant la tâche qui m'est assignée, j'ai commencé par me poser la question que vous vous posez sans doute en ce moment. Qu'est-ce à dire? J'ai été perplexe quelque temps ; je me suis mis à l'œuvre cependant, avec la diligence d'un bon écolier, et j'ai essayé d'étudier séparément les trois termes du problème : le grand commerce ; le petit commerce ; l'applicabilité des procédés.

Premier terme : Que faut-il entendre par *grand commerce?*

L'expression convient également à deux choses très différentes.

Le grand commerce désigne ordinairement des transactions opérant sur des masses de marchandises, soit brutes, soit ouvrées, telles qu'elles ont lieu d'ordinaire entre grands producteurs et grands déplaceurs (qu'on me passe ce mot inusité, je le trouve plus exact qu'importateur, car il n'est pas nécessaire qu'il y ait transport interocéanique ou international pour caractériser ce genre d'opérations). Ainsi, pour ne citer qu'un exemple, je considère comme grand commerce les transactions entre des minoteries importantes et des syndicats entrepositeurs de blés (Kornhausgenossenschaften).

Fallait-il exclure cette chose-là? N'y a-t-il rien à apprendre dans

(1) Communication faite au Congrès de la Société d'économie sociale dans la séance du 9 juin 1910.

les procédés du grand commerce de gros? La barrière est-elle si tranchée que toute transposition de méthodes et de procédés soit impossible? Je suis arrivé à me convaincre du contraire pour les raisons que je vais vous soumettre tout à l'heure.

Le grand commerce, dans la littérature sociologique, s'entend aussi du commerce exercé à l'aide de gros capitaux; qui opère également sur des masses de marchandises, mais des marchandises ouvrées, prêtes à la consommation. Dans ce sens, grand commerce est synonyme de grands magasins, bazars.

La différence entre les deux interprétations réside donc dans l'état des produits et dans la clientèle.

La première catégorie de grands commerçants s'occupe surtout des matières premières pour les repasser en masse; la seconde n'opère que sur des produits achevés pour les vendre au détail.

A première vue, il semblerait que ce fût ce dernier terme qui dût faire l'objet de mes recherches, et qu'il fallait seulement chercher le parallèle entre les procédés du grand magasin et ceux du petit commerce. Nous verrons dans la suite qu'il y a intérêt à étendre l'étude au grand commerce de déplacement.

Le deuxième terme du problème est plus circonscrit, à cause même du rapport qu'on demande à établir avec le premier. Par *petit commerce*, je crois ne pouvoir comprendre que les exploitations autonomes opérant avec de petits capitaux sur un nombre restreint de marchandises, en vue de les remettre aux consommateurs, terme final de l'opération économique.

Si la petite industrie s'y trouve jointe, c'est bien entendu cette exploitation autonome mixte, qualifiée aussi métier, où l'on voit mettre en œuvre des matières déjà préparées, par un travail industriel intermédiaire, en vue de la consommation immédiate : comme types, on peut nommer la boulangerie, la cordonnerie, etc.

Reste l'élément d'*applicabilité*, expression de l'équation entre les deux termes ci-dessus définis. On peut l'envisager également sous un double aspect : la possibilité, la convenance. Je tiens à cette distinction, car je me propose d'en faire la base de plus d'une conclusion.

Je n'ai jamais pu me soumettre au culte du succès. *Non omne quod licet honestum est* : il est des choses possibles qu'il ne faut pas réaliser, dans l'ordre des bénéfices commerciaux comme dans la lutte pour l'existence physique. Je crois qu'il y a, dans les procédés d'exploitation du grand commerce, des causes de force et de succès qui servent les individus au détriment de la collectivité. Cependant, je ne me suis pas senti autorisé à dire aux petits : « Faites vos affaires au détriment du bien social ! » La suite de ce travail permettra de juger si mes scrupules sont raisonnables.

Dans la technique du grand commerce et des établissements à fort capital qui s'occupent exclusivement de la vente au détail, nous rencontrons également des procédés caractéristiques qui paraissent essentiels ou du moins intrinsèques ; d'autres qui, tout en ayant une influence aussi grande dans le résultat financier, portent davantage les signes accidentels d'une tendance parfois localisée, plus souvent universelle, mais en tous cas limitée dans le temps, née avec des circonstances déterminées, et dont on doit par conséquent prévoir la disparition à un moment.

Cette seconde distinction m'a paru si importante au point de vue des conclusions que j'en ai voulu faire la base de la division de mon travail.

Cet exposé sommaire de la méthode suivie me servira d'excuse pour avoir livré au Congrès un travail très incomplet. Dans ce vaste domaine des procédés techniques, je n'ai pu choisir que quelques unités, à titre d'exemple.

I

### LES PROCÉDÉS ESSENTIELS DU GRAND COMMERCE

#### 1. — *Opérer sur des masses.*

Parmi les éléments qui caractérisent le grand commerce et déterminent, avec sa technique propre, sa manière de procéder, nous trouvons en premier lieu celui-ci : le grand commerce opère sur des masses importantes de produits ; chaque opération déplace des valeurs considérables.

De ce fait découlent les conséquences suivantes :

1° Au point de vue du rendement : c'est que la marge du bénéfice à l'unité peut être ramenée, tout en laissant une proportion suffisante pour rémunérer le capital engagé.

2° Ensuite des usages actuels, différents prix ont cours au même moment sur le marché, selon les quantités achetées. Les achats en masse bénéficient d'une réduction de prix, souvent de réductions de tarifs de transport.

Est-il possible, est-il désirable d'user du même procédé dans le petit commerce? Il faut répondre affirmativement aux deux questions.

Le fait d'opérer sur des quantités importantes au moment de l'achat ne transforme pas la nature de la transaction, n'altère pas sa loyauté et ne constitue pas un inconvénient social dans les limites où le petit commerce peut l'adopter.

C'est par la conclusion d'associations pour l'achat en commun des matières premières ou des marchandises que le petit commerce peut se mettre en mesure de profiter des tarifs de prix qui sont ordinairement différentiels pour des quantités importantes.

Le groupement pour l'achat est d'ailleurs l'unique moyen d'user du procédé du grand commerce dont il est ici question. Car, pour la revente, chacun des petits commerçants doit se contenter d'une série plus ou moins nombreuse de petites opérations. La possibilité d'assimilation n'existe donc que pour une moitié.

Le groupement pour l'achat en commun a été pratiqué dans tous les pays où la nécessité d'une transformation des classes moyennes a été comprise; toutes les fois que les pouvoirs publics ont cru devoir intervenir, c'est par l'encouragement au groupement économique des petits qu'ils ont débuté.

Le groupement dans les achats se fait ordinairement sous forme d'associations coopératives de deux degrés. D'abord, ce sont les artisans ou les commerçants de détail d'une localité déterminée qui se groupent en vue de l'achat en commun; ils constituent une société coopérative régulière avec un capital propre. Les congrès professionnels leur donnent ensuite l'occasion de se concerter pour des marchés à conclure; enfin, une centrale s'établit sous forme de société commerciale, dont les actions sont souscrites par les groupes locaux.

Je crois utile de donner des détails plus circonstanciés sur une application un peu différente des mêmes principes. Dans le type que nous allons décrire, les achats sont groupés non plus par localité, mais entre des membres isolés répartis dans les localités les plus distantes, à l'imitation du système des maisons à filiales. Si cette formule n'intéresse qu'un ou deux commerçants de détail dans chaque ville, rien n'empêche qu'elle soit appliquée parallèlement par plusieurs groupes : ensuite de quoi il arrivera fatalement que des ententes de plus en plus étroites s'établiront entre eux.

Les commerçants de détail qui ont établi le groupement en question tiennent les articles étoffes, lainages, tissus divers.

Le siège du syndicat est à Weimar. Son chiffre d'affaires pour 1901, année où j'eus l'occasion de la visiter, a été de 15 millions de marcs et la gestion centrale n'occupe pas moins de 42 commis et employés.

Il a débuté en 1887 à Bamberg sous la forme d'un simple *Verein*, agglomération d'une quarantaine de petits négociants, soucieux de lutter contre la concurrence des marchands de gros qui se mettaient à vendre directement aux consommateurs. Au bout de cinq années, le Verein avait pris une telle extension qu'il fallut adopter les formes légales plus strictes du syndicat au sens de la loi de 1889 (*Erwerbs und Wirtschafts Genossenschaft*). Depuis 1894, le siège central est à Weimar; les 150 associés sont répandus dans toute l'Allemagne; leur dispersion est d'autant plus nécessaire qu'en vertu des règlements il ne peut y avoir qu'un seul associé pour une ville de 50.000 habitants et moins. Pour les villes plus importantes, le conseil d'administration est juge du nombre d'associés qu'on peut admettre et de leur rayon d'éloignement (art. 50).

L'objet est ainsi décrit par l'article 2 des statuts : « 1° par l'achat en commun et l'échange réciproque de l'expérience, assurer aux associés de tels avantages qu'ils soient à même de soutenir avec succès la lutte contre les établissements à grand capital; 2° faire pratiquer une gestion commerciale strictement conforme aux règles du droit et de la justice chrétienne, afin de combattre ainsi la concurrence déloyale; 3° constituer une représentation des intérêts généraux communs à toute la profession et faire défendre les intérêts de ses membres par syndicat. »

L'action est à 1.000 marcs; nul n'en peut posséder plus de 10, ni souscrire une deuxième action, tant que la première n'est pas complètement versée. En fait, les actions sont rapidement payées, et dès que le chiffre d'achats de l'associé dépasse 5.000 marcs par an, l'acquisition de 5 à 10 actions se fait par des retenues successives (art. 9).

Le syndicat est à base de responsabilité limitée : chaque associé est responsable à concurrence du double des actions souscrites.

Le syndicat repasse à ses membres les marchandises au prix de revient. Les primes obtenues en fin d'année des fabricants sont réparties au prorata des achats.

Pour payer les frais généraux, on a adopté un système original : au commencement de chaque exercice, la direction dresse un budget; à ce budget chaque membre contribue mensuellement d'après le chiffre de ses achats de l'année précédente. Ainsi, lorsque le chiffre d'achats de 3.000 marcs représente une unité de frais, l'achat de 4.000 marcs représentera 1,1; celui de 5.000 marcs, 1,2; celui de 6.000 marcs, 1,3, et ainsi de suite sur une progression arithmétique ramenée au 1/10 (art. 11).

Un associé ne peut tenir à la fois deux magasins (système des filiales); des autorisations exceptionnelles peuvent être concédées par le conseil d'administration si, dans la localité où se trouverait le second magasin, il n'y a aucun associé (art. 51).

Il est tenu d'acheter au moins pour 3.000 marcs par an, et doit en principe se fournir exclusivement par l'intermédiaire du syndicat, à moins qu'il ne fasse valoir des raisons sérieuses. S'il obtient individuellement des conditions plus favorables pour un article déterminé, il doit en faire part à la direction commerciale centrale. Toute indiscrétion est punie d'exclusion.

Les membres se doivent assistance réciproque; chacun peut être tenu de repasser à son collègue les marchandises dont celui-ci aurait un besoin urgent, et ce au prix de revient syndical.

Le conseil d'administration peut imposer à des associés la prestation de garanties réelles en proportion de leur chiffre d'affaires.

L'organisation interne du syndicat est bi-partite.

Il y a à Weimar deux directeurs; l'un, pour la partie administrative, gère le syndicat dans ses actes légaux, veille aux assemblées, aux publications, à la propagande; l'autre est l'agent commercial permanent.

Le directeur commercial est assisté dans les achats par une commission formée de spécialistes dans chaque branche, et, s'il y a une division plus grande, dans chaque article.

A Weimar aussi se trouve l'entrepôt central, constamment fourni d'articles courants.

Quant aux articles de mode ou de réclame, voici comment on procède. Sitôt que la direction commerciale reçoit une offre, elle entre en négociation et se fait remettre 24 échantillons. Chaque échantillon parcourt un circuit de membres, réglé à l'avance; la direction l'envoie au membre A, lequel, le même jour doit l'expédier au membre B, et aviser la direction : 1° du chiffre pour lequel il veut participer à l'achat, 2° du fait de la réexpédition de l'échantillon.

Par ce système ingénieux, la direction centralise toutes les commandes en une dizaine de jours, et serait avertie sitôt qu'un échantillon aurait été perdu ou qu'un membre aurait négligé de faire sa réexpédition.

La direction, en passant commande, fixe les lieux de livraison.

Supposons en sens inverse que la direction reçoive de ses membres une demande de certain article, pour lequel il n'y a pas de fournisseur contractuel.

Le premier acte de la direction sera l'envoi d'une circulaire à chaque associé, le priant de lui indiquer la source à laquelle il achète tel article, les prix et un échantillon. Quand les réponses sont entrées, la direction négocie avec deux ou trois firmes préférées, passe contrat, et inscrit le fournisseur sur la liste spéciale communiquée aux membres.

La direction passe commande, reçoit la facture; mais les objets pondéreux ou encombrants sont envoyés directement par le producteur aux associés dans la proportion de leurs commandes.

Viennent ensuite les expositions-foires.

Deux fois l'an, la direction organise une exposition d'échantillons. Tous les fournisseurs contractuels du syndicat sont tenus d'y envoyer leurs modèles nouveaux; d'autres sont invités par circulaire à y participer également. Les frais sont supportés par les exposants, qui paient 1 marc par mètre carré d'espace occupé. Les transactions se chiffrent en millions de marcs.

Chaque membre reçoit à l'avance un plan-catalogue des articles exposés. S'il passe une commande, il glisse une fiche dans la boîte à lettres du secrétariat; après la clôture de l'exposition, chaque firme fait de son côté rapport sur les ventes effectuées, et les deux séries de renseignements doivent concorder.

Un contrôle extrêmement sévère fait en sorte que seuls les associés trouvent accès à l'exposition-bourse.

La comptabilité et les services financiers sont admirablement simplifiés.

Le système général de comptabilité repose sur la rédaction unique et uniforme d'un compte courant. Chaque associé reçoit un livre de compte courant d'après le formulaire imprimé par la direction elle-même.

Le système de comptabilité permet encore à la direction de s'apercevoir rapidement de toute diminution d'affaires chez l'un des associés; aussitôt un inspecteur lui est dépêché qui étudie sur place les causes de cette diminution et aide l'intéressé à se remettre sur pied. Cette intervention est l'un des services les plus remarquables rendus par le syndicat; elle est fréquente et très utile surtout auprès des débutants.

Le service financier est centralisé par une banque à Weimar qui travaille sur la base d'un compte courant avec le syndicat central, et de comptes-chèques avec chacun des associés.

Quand une marchandise est fournie, le débiteur principal est l'associé qui a reçu la livraison; mais le syndicat intervient par un contrat de ducroire auprès du fournisseur. Le paiement est toujours stipulé aux guichets de la banque de Weimar; l'associé envoie donc ou les fonds ou un chèque à cette banque, laquelle en crédite le syndicat, lequel paie le fournisseur.

Comme les associés ont fait au préalable un petit dépôt de fonds à cette banque, et que les fournisseurs y établissent à leur tour un compte courant, tout s'effectue par des contre-passements d'écritures, et il en résulte une grande économie.

Le paiement comptant est d'usage presque général et par ce moyen on a pu obtenir un roulement très rapide du capital engagé, ce qui augmente notablement les bénéfices.

L'esprit syndical est très vivace parmi les associés; tous se considèrent solidaires, comme si ensemble ils ne constituaient qu'une seule firme, une vaste société anonyme, et si leurs bénéfices faisaient partie d'un dividende commun.

Parmi les causes de cette situation peut-être unique nous signalons :

*a)* L'absence de concurrence; le syndicat n'admettant d'associés que dans des conditions exclusives de toute concurrence réciproque, l'entente s'établit plus rapidement entre les associés.

*b)* Les relations personnelles. Il y a deux assemblées générales par an, coïncidant avec les expositions-bourses. L'assistance personnelle de l'associé est requise sous peine d'une amende de 10 marcs à la première absence, de 50 marcs à la seconde. Cette assemblée est organisée à peu près comme un congrès; les associés passent ensemble la soirée, dînent en groupes, etc.

*c)* Le choix sévère qui prélude à l'affiliation. Quand une demande d'admission est faite, le candidat reçoit d'abord un formulaire à remplir, où il indique le chiffre des affaires qu'il fait concernant chacun des articles catalogués; il y joint une description de son commerce, de son personnel, des grands magasins contre lesquels il a à lutter.

L'article 53 des statuts prescrit de n'accepter que les candidats qui sont à la tête d'affaires qu'on peut qualifier « sérieuses » (à concurrence de 5.000 marcs l'an des articles du syndicat), qui jouissent d'une réputation de grande loyauté commerciale et dont le crédit n'a souffert aucune atteinte. Avant l'admission, le candidat est soumis à une sorte de poll; sa demande est communiquée à tous les sociétaires, qui pourront confidentiellement faire connaître leur appréciation à la direction.

Le candidat, s'il est admis, entre rapidement dans l'intimité des anciens.

*d*) Le mode de comptabilité, qui écarte jusqu'au prétexte des cachotteries ordinaires. Tous les documents sont à la disposition de tous pendant ces assises annuelles; le chiffre d'affaires de chacun est connu de tous les autres; et, comme on n'a plus rien à se cacher, l'entente est aussi complète que la collaboration.

En principe, les membres doivent contribuer mensuellement aux frais généraux. En fait, les associés reçoivent plus qu'ils ne versent. Car, en contractant avec un fournisseur, le syndicat se réserve une prime spéciale supplémentaire de fin d'année; cette prime se superpose à celles que le fournisseur consent à ses autres clients de gros. Elle est la récompense due au syndicat: 1° pour l'apport d'une aussi grosse clientèle qui se conserve constante sans aucune démarche subséquente du fournisseur; 2° pour l'aval donné par le syndicat, couvrant la solvabilité des associés; 3° pour son intervention dans les paiements.

Or, le coefficient des frais généraux, qui était de 3 % au début, est actuellement ramené à 1,7 %. La contribution mensuelle moyenne avait été de 2,2 %; mais, la moyenne des primes supplémentaires s'étant élevée à 3,8 % pendant le même exercice, les associés reprirent leurs 2,2 % plus une part de primes.

Ici cependant il faut se garder d'appréciations globales, car chacun reçoit ces ristournes dans la proportion où il a aidé à les produire. Si donc un associé a acheté les articles d'un fournisseur qui donne 1/2 % de prime, il n'aura que la moitié des ristournes données à un associé qui achète une quantité semblable d'articles bénéficiant d'une prime de 1 % .

## 2. — *Liquidité de l'actif.*

Un second élément qui caractérise la technique du grand commerce, c'est la liquidité de l'actif.

A tout instant, il est possible au grand commerce de mobiliser son avoir, marchandises ou créances, de le transformer en espèces, d'en faire la base du crédit. Tous les obstacles qui s'y opposaient ont été éliminés depuis longtemps par la pratique commerciale aidée de la législation toujours bienveillante.

A peine la marchandise est-elle remise à bord du navire qui va l'amener de l'autre côté de l'Océan, qu'un connaissement est dressé, certificat de propriété et base de crédit, lequel pourra être donné en garantie dans les banques commerciales, organisées pour ces opérations.

D'ailleurs, dès la conclusion du contrat d'achat, les relations quotidiennes d'affaires, rendues plus aisées par la fréquentation des bourses de commerce, permettront de commencer la revente, en bloc ou par parties, des marchandises à fournir. Une longue pratique et une jurisprudence favorable consacrent ces opérations à terme réelles.

Nous écartons de notre sujet les opérations à terme fictives, expression que nous étendons à tout ce qui n'a pas pour objet une marchandise déterminée disponible et dont la livraison entre dans la commune intention des parties.

Enfin lorsque les marchandises sont arrivées, le grand commerçant pourra encore en faire la base du crédit, par le système du warrantage.

Ainsi, à tous les stades de l'opération, l'actif marchandises ou créances pourra être retransformé en actif espèces, et servir d'aliment à de nouvelles opérations sur d'autres marchandises.

Résumons en les systématisant les observations que nous venons de faire.

La liquidité dans le grand commerce est assurée par les usages concernant la revente ou l'emprunt.

La revente peut se faire dès que le contrat d'achat est parfait, et, de même que l'achat aura pu faire l'objet d'une lettre de change dont l'acceptation est obligatoire ainsi, dès le moment de la revente, le grand commerçant pourra anticiper le payement par la mise en circulation d'un titre représentatif de la valeur.

L'emprunt est organisé à tous les stades de l'opération : sur connaissement, sur warrant, ou par escompte.

Un mot au sujet des conséquences de cette situation.

Tout capital doit être rémunéré, dans l'état économique actuel; mais tous les emplois de capitaux ne sont pas également onéreux.

En recourant au capital d'autrui, sous forme d'emprunt, le grand commerçant abandonnera tout ou partie du bénéfice de son opération, selon que le crédit est abondant ou resserré, selon que l'opération est bonne, mauvaise, ou médiocre.

Cependant, même sans bénéfice direct, la mobilisation peut présenter des avantages : elle peut être nécessaire pour soutenir le crédit de la firme, elle peut être fructueuse parce qu'elle permettra, de sortir d'une opération mauvaise ou nulle pour entrer aussitôt dans une autre, dont l'issue sera meilleure.

En mobilisant son actif marchandises par la revente, soit sur connaissement, soit à l'arrivée de la marchandise, le grand commerce multiplie le nombre des opérations, réduit la durée d'engagement des capitaux, et par conséquent la part qu'ils prennent dans le prix de revient. A l'abaissement du prix de revient correspond l'augmentation soit du bénéfice, soit de la capacité de concurrence.

Est-il désirable de voir transporter cette liquidité dans le domaine du petit commerce? Aucune objection d'ordre social ne s'y oppose, et l'énumération des avantages que nous venons de faire démontre toute l'utilité que le petit commerce pourrait retirer de la possibilité de mobiliser à chaque instant son actif marchandises ou créances.

Pour les petits commerçants et pour les artisans plus que pour d'autres, il peut être indispensable de soutenir leur crédit grâce à la disponibilité de sommes liquides, au moment voulu. Mais comment y arriver?

La difficulté n'est pas théorique; il faudrait et il suffirait d'organiser le crédit des petits comme on a organisé le crédit des grands. Il faut des rouages spéciaux et il importe qu'ils s'emboîtent en vue d'un mouvement commun. Parmi ces rouages, les uns porteront l'empreinte d'usages commerciaux à établir, les autres sortiront de la fabrique législative. Il faut que chacun d'eux soit de bonne qualité, que leur concordance procède d'un plan d'ensemble et qu'ils soient parfaitement rivés, chacun à sa place, de peur qu'un déplacement intempestif, une déviation particulière, ne revienne mettre tout en question. Voilà la thèse.

La pratique est moins aisée, parce qu'elle réclame de l'esprit de suite, des efforts et des personnalités.

Si nous interrogeons l'expérience, nous y voyons des efforts fragmentaires, et ce seul qualificatif suffit, à mon sens, pour expliquer leur insuccès.

La première tendance a été d'appliquer à l'organisation du crédit la formule coopérative, ou mutuelliste, le nom importe peu. Par elle on a obtenu, non pas la mobilisation de l'actif, mais quelque chose qui, on le croyait, allait en tenir lieu : le crédit personnel.

Cependant l'expérience a bien vite appris que crédit personnel et crédit sans garanties ne sont pas synonymes. Et on s'est alors heurté à la difficulté initiale : quelles garanties peuvent donner les petits commerçants, les artisans? C'était poser la question de la mobilisation de leur avoir.

Dans une limite restreinte, on a pu utiliser leur caution réciproque, ou des cautions de tiers. C'était faire appel à la bienveillance, non pas aux éléments commerciaux.

Sans introduire l'usage de la disposition sur les consommateurs, on a voulu tenter d'une mobilisation par cessions de créances. En général, les résultats ont été médiocres parce qu'on n'avait pas posé la question avec une franchise suffisante sur son véritable terrain. Il fallait entreprendre les consommateurs, leur montrer les usages du grand commerce et de l'industrie, ou la méthode du payement comptant des grands magasins, et annoncer que la campagne avait pour but d'établir des usages parallèles. Dans cette campagne, il fallait faire appel au concours du législateur, faire fixer par lui le droit de disposition et l'obligation de l'acceptation, avec ses conséquences en cas de non-paiement, notamment une simplification de la procédure.

L'escompte des créances de petits commerçants tenté il y a une quarantaine d'années par les mutualités allemandes Schulze-Delitsch n'a pu s'étendre et a complètement disparu à certaine époque, précisément à cause de la défaveur avec laquelle ces cessions notifiées au débiteur avaient été vues du public. L'expérience italienne ne fut pas plus favorable.

On a repris récemment l'idée. Les tailleurs de Vienne, la banque

mutuelle de Neisse (Prusse), la banque mutuelle d'Ulm (Wurthem-
berg) ont lancé des formules légèrement variantes. Au fond, c'est
encore une mobilisation fictive : la base véritable du crédit ainsi
organisé, c'est la confiance que le membre inspire.

Voici d'ailleurs quelques détails sur leur pratique et sur les premiers résultats obtenus. L'organisation d'Ulm nous les fournira.

La banque populaire locale a donné naissance à une société
filiale, la Mutualité des escomptes du « Grand livre » qui a son
capital propre, et une situation très spéciale. Toute opération
autre que l'escompte de créances lui est interdite, et le conseil
d'administration n'est pas nommé par les associés, mais bien par
la banque-mère. L'admission de membres ne se fait que de l'avis
conforme du comité d'escomptes de la banque.

L'artisan qui veut bénéficier de l'organisation nouvelle payera
10 marcs de droits d'entrée, 300 marcs à titre de part sociale, et
souscrira une garantie dans les pertes à concurrence de 600 marcs
pour chaque part. Versements et souscriptions se multiplient en
proportion du montant escompté; le crédit maximal est limité
à 20.000 marcs.

L'escompte porte sur des créances déterminées; cependant la
cession reste imparfaite, le client n'en est pas avisé. Elle ne dépas-
sera pas 75 % de l'import nominal. En fait on n'a pas dépassé 50 %
et lorsque tout récemment j'eus l'occasion de visiter cette institution, j'ai appris qu'un certain découragement envahissait les inté-
ressées. En escomptant leurs créances pour une moitié à peine, ils
se fermaient les autres formes de crédit personnel, habituellement
plus larges.

Les créances doivent être exigibles à 90 jours au plus; elles sont
représentées par une traite tirée par la mutualité sur son affilié
qui l'accepte, et transmise à la Banque mère pour réescompte.

La base du crédit, ainsi organisé, réside donc avant tout dans la
moralité de l'affilié. Il faut qu'on soit bien assuré qu'il ne gardera
pas par devers lui les sommes que les clients lui payeront sur
les créances cédées. Pour lui rappeler ses obligations à cet égard, il
appliquera dans son Grand Livre la mention « Cédée » au moyen
d'un timbre humide en regard des créances en question.

Un comptable de la banque ira périodiquement vérifier la tenue
de ses livres, la régularité de ses versements; s'il découvre quelque
imprudence dans l'allocation de délais de payements à la clientèle,

la mutualité interviendra, réduisant le moutant du crédit ou exigeant désormais des cessions notifiées aux clients.

Les créances offertes à cession seront traitées comme effets de commerce; elles donneront lieu à une instruction préalable : Sont-elles en proportion des affaires traitées ? N'y a-t-il pas exagération manifeste de fournitures à crédit? insuffisance du capital propre? La fourniture est-elle réelle? Le client solvable ?

Les artisans dont la situation n'est pas saine et normale, on les encourage à opérer les transformations dans leur manière d'opérer; on ne les admet pas dans la mutualité d'escompte, mais on peut leur donner des crédits avec cautions dans la banque, ou accepter des cessions de créance avec notification aux clients.

L'expérience a prouvé que l'assainissement de la position financière des petites entreprises est le service le plus important qu'on peut rendre aux artisans.

Les neuf premiers mois d'exercice de la Mutualité d'Ulm laissent un total d'escomptes de près d'un demi-million de marcs pour 50 affiliés, sans aucune perte. Le montant des sommes versées par les affiliés était de 25.800 marcs, celui des avances en cours de 80.000 marcs.

Ceux qui en ont fait le plus usage sont des menuisiers, peintres, tapissiers, ferronniers. La direction de la Banque se félicite principalement de l'amélioration obtenue dans la tenue des livres chez les artisans, ensuite des visites du comptable de la banque.

L'intervention de l'Association professionnelle des tailleurs pour hommes à Vienne dans l'organisation du crédit pour les membres de leur groupe a donné lieu à une expérience intéressante en matière de mobilisation de créances.

L'association a constitué en 1908 une société autonome pour les affaires de crédit : *Kreditgenossenschaft der vereinigter Wiener Kundenschneidermeister*, à l'aide des versements de parts.

Sur la fondation spéciale « Kaiser Franz Jubiläum Stiftung » au capital de 150.000 krone, constituée par la Chambre de commerce et d'industrie de Vienne, pour favoriser le petit crédit à l'intermédiaire des associations, la mutualité de crédit établie entre patrons tailleurs de Vienne a obtenu une avance sans intérêts du montant de 25.000 krone pour développer son fonds de roulement.

Au point de vue de la technique de banque, la mutualité en question n'était avant cela qu'une sorte de comptoir d'escompte, rattaché à une association de crédit mutuel, prenant un ducroire en échange d'un aval.

Ce qui est intéressant à observer ici, c'est que, pour donner une base réelle au crédit, la mutualité s'est attachée à mobiliser les créances sans cession notifiée. A ces fins, elle a créé un service de contrôle sur les livres des associés et d'informations sur la valeur de ces créances. A l'aide de ces deux services, la mutualité a pu reprendre le risque inhérent à ces opérations ; et les résultats de son expérience, encore assez brève il est vrai, sont très encourageants.

Ensuite, ce qui est peut-être plus important encore au point de vue qui nous occupe, la mutualité a pesé sur l'Association professionnelle pour l'établissement d'usages uniformes en [matière de présentation des factures, de durée du crédit. Il est certain que ces efforts, s'ils sont persévérants et s'ils peuvent s'étendre, créeront dans la clientèle des usages très différents de ceux qui ont cours aujourd'hui et faciliteront singulièrement la liquidité des capitaux dans le petit commerce et les métiers.

Il importe de signaler la campagne systématique entreprise par M. Thilo Hampke, de Hambourg, et les Associations industrielles allemandes. Elle vise directement la réforme des usages et s'adresse aux consommateurs en leur expliquant nettement son but et ses tendances. Voici le programme de M. Hampke :

1° Les artisans doivent établir rapidement et clairement leurs factures, en stipulant des conditions de paiement qui deviendront l'usage commun. Pour arriver à ce résultat, il y a lieu d'employer les moyens suivants :

*a*) Chaque métier conviendra des modes et des époques de paiement qui seront adoptés par tous ses membres ;

*b*) Les fournitures de quelque importance seront accompagnées d'une facture mentionnant que les réclamations ne sont plus recevables après un délai de quinze jours ;

*c*) Il sera accordé un escompte de 4 % au comptant et 2 % pour paiement dans le mois ;

*d*) Il sera calculé des intérêts moratoires à raison de 4 % sur toute facture en souffrance depuis trois mois.

Toutes ces stipulations seront imprimées sur les factures, et les artisans s'entendront pour ne pas employer d'autres formules.

2° Les corporations de métiers et les associations d'artisans doivent faire une campagne incessante pour modifier les usages actuels de la clientèle.

2

A cette fin, il y a lieu :

*a)* De multiplier les conférences publiques, où les **inconvénients** de la tardivité des paiements seront exposés avec exemples à l'appui ;

*b)* De publier des brochures de propagande, destinées au public consommateur, l'engageant, pour toutes sortes de raisons, à payer les factures en retard ;

*c)* D'organiser des cours pour les artisans, leurs femmes et leurs filles, en vue de leur apprendre l'exactitude et la régularité dans la rédaction des factures.

Voilà pour la mobilisation de l'actif-créances.

La mobilisation de l'actif-marchandises en possession des petits commerçants et des artisans ne pouvait se faire dans la forme usitée pour le grand commerce, parce qu'il n'était pas possible d'en confier la garde à un tiers, avec déplacement de ces warrants, ni d'immobiliser les marchandises dans leur individualité.

Aux prises avec la même difficulté dans l'organisation du crédit rural, le législateur français a imaginé le warrant sans déplacement, constituant le propriétaire-emprunteur gardien pour compte de son prêteur du gage qu'il a affecté à la sécurité d'un emprunt.

L'extension de ce warrant nouveau aux petits commerçants et aux artisans n'est plus désormais qu'une question de temps : il suffit de décider les juristes à abandonner, sur un autre point, le système ancien, en ajoutant le caractère de fongibilité aux choses données en garantie, de telle façon que leur montant chiffré fasse seul l'objet en gage.

Ce progrès ne fut pas réalisé par la loi française du 17 mars 1909 sur la vente et le nantissement des fonds de commerce ; néanmoins cette loi constitue une étape importante. Déjà la notion du fonds de commerce apparaît comme une *universitas juris*, comprenant des éléments incorporels (achalandages, etc.), du matériel (outillage, etc.), et des marchandises (art. 1).

Les deux premiers éléments seuls peuvent faire l'objet d'un « nantissement », terme inexact, puisqu'il s'agit de la constitution d'un gage sans déplacement, c'est-à-dire sans que le bailleur soit nanti (art. 9).

Lorsqu'on aura ajouté le troisième élément avec le caractère de fongibilité, la possibilité de mobiliser l'actif des petits commerçants à l'instar des warrants du grand commerce sera un fait accompli.

En attendant, il ne sera pas sans intérêt de suivre l'expérience française bien qu'elle ne soit pas très pertinente. En effet, le succès peut être très différent dans l'un et dans l'autre domaine. Ce succès dépend en partie de la formule juridique, qui doit être précise, claire et néanmoins dégagée d'inutiles procédures; il dépend surtout de la loyauté des intéressés qui, réduisant les risques des institutions de crédit, popularisera rapidement cette forme de mobilisation de l'actif-marchandises.

Résumons nos observations sur ce point.

La liquidité est une des forces du grand commerce.

Il est possible et désirable de l'introduire dans la technique du petit commerce et des métiers.

Cette transformation réclame l'intervention du législateur (acceptation des lettres de change, déconfiture civile, warrants) et une action persévérante sur le public consommateur.

Tant qu'on n'aura pas réussi à mobiliser par des méthodes concordantes les créances et les marchandises, le petit commerce ne bénéficiera pas de la liquidité, si utile au grand commerce.

Isolés, chacun de ces fragments ne peut produire le résultat qu'on cherche à réaliser.

3. — La ponctualité des règlements.

Nous attribuons une importance considérable dans les procédés techniques du grand commerce à la ponctualité des règlements.

Cet élément est distinct de la promptitude des règlements dont il fut question ci-dessus. On peut concevoir des paiements différés à trois, six, neuf mois, à un an et cependant ponctuels : l'aspect que nous voulons envisager ici est la certitude financière que telle somme sera disponible tel jour, déterminé et connu depuis le moment de la transaction.

A la ponctualité des paiements, il convient d'ajouter celle des solutions déterminantes d'une convention. Dans le grand commerce une marchandise est agréée après un délai déterminé, une offre est acceptée ou annulée, une commande assurée ou non, le tout avec une nécessaire exactitude.

Cette ponctualité a pour conséquence de permettre la conclusion de conventions nouvelles sans perte de temps, conventions conséquentes ou remplaçantes. Ainsi le capital se trouve immobilisé moins longtemps dans une même affaire, et le bénéfice annuel est augmenté en proportion de la rapidité de sa circulation.

C'est donc un très grand avantage. Quelles en sont les sources? En partie, la législation commerciale, en partie les usages commerciaux consacrés par la jurisprudence et qui, dès lors, se trouvent à l'état latent dans toute convention.

La situation des petits commerçants et des artisans est absolument défavorable à ce point de vue.

D'une part, dans leurs relations d'achat, ils se trouvent soumis à l'obligation de suivre les usages commerciaux de ponctualité et même de promptitude tandis que, d'autre part, dans les relations de vente règne l'incertitude la plus complète.

L'agréation de la marchandise sera différée jusqu'au moment du paiement, distant de plusieurs mois ou de plusieurs années, selon la fantaisie subséquente du client. Il n'y a pas obligation d'accepter des lettres de change, ni de payer à leur échéance celles qui seraient mises en circulation.

L'extension de la ponctualité dans le domaine des petites affaires est-elle désirable? Nul ne le contesta jamais, sauf ceux d'entre les détaillants qui, peu scrupuleux, ont une manière à eux de se retrouver dans la confusion des comptes arriérés.

L'extension est-elle possible et comment la réaliser? Elle se fera par l'action concordante du législateur, des tribunaux et des intéressés.

La loi peut prescrire aux consommateurs comme aux commerçants intermédiaires l'obligation d'accepter une lettre de change.

Elle peut aussi garantir la ponctualité des paiements par la sanction énergique et rapide de la faillite étendue aux non commerçants.

Elle peut prescrire des usages ou clauses tacites en matière de déchéance, d'agréation, etc.

A défaut de loi ou pour les pays de droit coutumier, la jurisprudence peut constater et appuyer l'introduction de pareils usages dans les relations entre détaillants ou artisans et consommateurs.

Les intéressés devraient s'astreindre eux-mêmes à une exactitude complète dans la tenue de leurs livres et dans leur comptabilité; ils devraient commencer par appliquer les premiers la ponctualité dans l'envoi des factures, et faire aussi souvent que possible mention des règles de ponctualité pour tout ce qui concerne les conventions et leurs suites naturelles.

Par leur entente, ils peuvent faire naître dans le public des usages qu'on invoquera ensuite comme règle de droit. Il suffit pour tout cela d'un peu de ténacité et de beaucoup de publicité. Seulement ces qualités si simples en théorie sont assez rares dans la pratique, à ce qu'il paraît.

A titre d'élément fragmentaire de solution, on peut citer ici le projet de loi actuellement pendant à la Chambre belge (1) pour l'établissement de la faillite des non commerçants.

L'importance de la ponctualité a été soulignée par les déclarations réitérées de la Ligue belge contre les paiements différés qui allait jusqu'à préférer la ponctualité au paiement comptant.


4. — *La corrélation entre la production et la consommation.*


Dans l'exercice du commerce, il est un élément de perturbation, cause souvent des pires échecs : c'est l'absence de corrélation entre la production et la consommation.

Le régime de la liberté individuelle illimitée de produire et d'accumuler est-il indissolublement lié à cet écueil? On l'a prétendu, et récemment encore M. Helios Kobylanski, professeur à Czernowitz, publiait un livre très dogmatique mais d'une logique très serrée, aboutissant à cette conclusion : il est temps de faire cesser l'anarchie qui règne dans la production et qui provient de l'abstention des pouvoirs publics (2). Je signale la thèse sans entrer autrement dans la discussion des éléments de fait sur lesquels elle repose et sans faire mienne la conviction de l'honorable professeur sur la corrélation entre ces faits et cette conclusion. J'en tire seulement ceci, c'est qu'il est désirable d'établir un lien entre les deux termes extrêmes de l'activité économique.

Or, nous pouvons observer qu'en général le grand commerce a fait un effort spontané dans cette voie. Habituellement, l'importateur se règle sur une étude suivie de la consommation; on le voit

(1) V. *Bulletin de l'Institut international des classes moyennes*, Bruxelles, avril 1910.

(2) *Die anarchistische Production.* Pardini Czernowitz. Une traduction analytique a paru dans le *Bulletin de l'Institut international des classes moyennes*, 1909-1910.

collectionner soigneusement des statistiques, tracer des graphiques complexes, avec la marche des prix, de la consommation et de la production des articles auxquels il s'intéresse. Ces études éclairent sa vie pratique et décident ordinairement de ses achats. S'il opère à terme, ce sera en vue d'une consommation normale que l'expérience lui permet d'escompter.

Observons encore en passant que c'est la grande industrie qui, la première, a tenté de sortir de l'anarchie en pratiquant la politique des ententes plus ou moins libres, des cartels.

Ces éléments de perturbation menacent-ils le petit commerce et la petite industrie?

Comment les écarter?

Les partisans de l'ancien régime corporatif ont vraiment beau jeu lorsqu'ils veulent mettre en évidence les conséquences détestables du système anarchique actuel pour les petits détaillants et même pour les consommateurs. Il est certain que les crises économiques générales et l'accumulation des échecs individuels, avec toutes leurs répercussions complexes, ne constituent pas un progrès, ni au point de vue technique commercial, ni au point de vue social. Il est moins aisé de les suivre, dans leur conviction que c'est dans la limitation légale des ateliers et des débits qu'il faut chercher le remède possible aujourd'hui. Cependant, les excès de la concentration, des cartels aux trusts, ont démontré que l'action de l'initiative privée n'est pas sans préparer de graves désordres sociaux en cette matière, où l'intérêt individuel entre en conflit trop direct avec le bien public. Le législateur américain a dû intervenir; et l'anarchie prendra fin quelque jour, un peu partout, par la force même des choses.

Dans le commerce de détail, les abus ne se présentent pas avec un éclat aussi intolérable; par cela même qu'on y opère sur des chiffres plus modestes, l'intérêt social n'apparaît pas aussi engagé, bien qu'en réalité il le soit directement à cause du danger d'élimination des classes moyennes. Il est donc possible que l'intervention du législateur se fasse attendre dans ce domaine plus longtemps qu'ailleurs.

L'entente syndicale pourrait-elle réaliser pour les petits ce que les cartels ont fait pour les grands? La réponse à cette question dépend de plusieurs éléments, notamment du degré de formation intellectuelle, de l'esprit qui règnera dans les classes moyennes.

Pour préparer cette évolution, voici les moyens que je préconise.

Le point de départ, c'est la statistique professionnelle. Pour former une conviction et en tirer des conclusions pratiques de conduite, il faut avoir l'élément d'information constamment à jour. Quand on aura trouvé le moyen de projeter une certaine lumière sur la marche aujourd'hui obscure de la production et de la consommation, il sera possible d'amener les intéressés à modifier leur ligne de conduite.

Voici une méthode que j'ai eu l'occasion de faire tenter par l'Office des classes moyennes de Belgique.

La section de statistique de l'Office avait établi une première fois un ensemble de bulletins nominatifs, indiquant les artisans établis dans un certain nombre de localités. Le travail a été fait par des agents commerciaux, sous le contrôle de l'administration.

Pour tenir à jour les données ainsi recueillies, il a été fait des collections doubles, remises, dans les localités où les métiers sont bien organisés, aux secrétaires des syndicats professionnels respectifs. Ceux-ci, moyennant une rémunération modeste, devaient reviser tous les six mois les listes, et communiquer à l'Office les changements survenus, en établissant de nouveaux bulletins pour les nouveaux venus ou en barrant les bulletins des disparus.

Dans les grandes agglomérations, au lieu de procéder par des recherches directes, quelques syndicats se faisaient aider à leur tour par les membres affiliés, en remettant à chacun d'eux des cartes-avis imprimées et affranchies, par lesquelles les changements survenus dans la rue ou le voisinage immédiat étaient immédiatement transmis au secrétaire.

Au point de vue de la documentation, cette méthode présente des garanties de sincérité qu'on obtient difficilement dans les recensements administratifs ; elle a encore pour elle l'avantage de la rapidité, ce qui augmente sa valeur pratique. C'est un premier pas dans l'étude des relations entre la production et la consommation, en ce qui concerne les métiers.

La recherche du nombre absolu des producteurs demande à être complétée par une documentation relative sur l'importance de la production de chacun d'eux, ainsi que sur la production de la grande industrie concurrente. A ces fins, l'Office des classes moyennes pouvait compulser les renseignements recueillis par l'Inspection générale de l'Industrie et par l'Office du Travail, administrations parallèles du même département, lesquelles procèdent de leur côté à des recherches monographiques. Ces renseignements pouvaient être contrôlés par des données fiscales.

L'impôt des patentes est établi en Belgique d'après l'importance présumée des affaires. Une réforme probable rendra cette documentation plus scientifique, en substituant l'importance effective à l'importance présumée.

Voilà pour le point de départ, la recherche des faits.

Pour servir pleinement à l'éducation et à l'orientation professionnelles, ces renseignements doivent être répandus rapidement et généralement.

Une prompte diffusion était assurée par la collaboration des secrétaires des syndicats dans les recherches statistiques. C'est sur place et dans le groupe des professionnels que les fluctuations doivent être utilisées ; or, dans notre système, c'était là qu'on les connaissait d'abord.

Ce travail, dont nous venons d'esquisser le programme complet, a l'avantage de présenter une certaine utilité, même s'il ne s'exécute que sous une forme fragmentaire, pour certains métiers et dans un certain nombre de localités. Car là où il est fait, il est effectif et correspond exactement à la mission d'information dont les pouvoirs publics sont redevables aux artisans en vue de leur permettre d'évoluer et de maintenir leur capacité de concurrence. Il permet aux détaillants et aux artisans de se faire une idée plus exacte de la marche de la consommation, et rien ne s'oppose dès lors à ce que les petites affaires bénéficient de ce procédé en usage dans les grandes affaires.

Avec l'extension graduelle de l'organisation syndicale et les perfectionnements de détail qu'on doit attendre de quelques années d'expérience, cette organisation pouvait devenir une statistique permanente des métiers ; c'est sur elle qu'on aurait basé l'hygiène préventive des crises qui entament les classes moyennes.

Résumons ce que nous venons de dire.

La statistique professionnelle quantitative seule ne peut donner qu'un renseignement incomplet basé sur les présomptions. Son utilité principale sera de servir d'indication aux familles en quête d'une profession pour leurs enfants, aux contremaîtres et aux ouvriers que tente l'émancipation économique. Lorsqu'on constatera un accroissement anormal dans une profession déterminée, on pourra sans courir grand risque de se tromper, prévoir une crise prochaine.

Les recherches et enquêtes allemandes sur la situation du petit commerce de détail ont abouti toutes à la constatation d'un encombrement à un degré parfois insoupçonné. L'extrême réduction de la clientèle possible pousse la surcharge pour frais généraux à son maximum, et le moindre accident fera ensuite chavirer les petites existences autonomes.

Pour servir de direction aux commerçants établis, la statistique devrait également être qualitative. Le nombre des unités serait complété par l'indication de la part que prend chacune dans une consommation globale dont l'appréciation n'est pas aisée.

Nous verrons plus loin, en étudiant la technique des grands magasins, comment ceux-ci ont organisé un service statistique intérieur, résumant leur expérience. C'est, jusqu'à un certain point, la mise en corrélation de la consommation probable avec l'achat préalable.

Quant aux artisans qui peuvent encore limiter leur production à la commande préalable, les observations ci-dessus ne les touchent que pour l'achat des matériaux. Mais ces artisans-là, dans les grandes agglomérations surtout, se font de plus en plus rares.


## II


### PROCÉDÉS OCCASIONNELS DU GRAND COMMERCE
*La tendance à la concentration.*


Parmi les procédés qui caractérisent le grand commerce et exercent une influence notable sur sa capacité de concurrence actuelle, il faut citer aussi la tendance à la concentration.

Nous l'appelons un procédé occasionnel, parce qu'il n'a pas eu, à toutes les époques, la même intensité, et qu'on peut supposer qu'il atteindra à un moment donné son maximum d'influence. Cela n'enlève d'ailleurs rien à son importance présente.

Avant d'examiner son applicabilité au petit commerce, voyons rapidement sous quelle forme se présente cette tendance dans le grand commerce.

C'est d'abord par élimination du commerce intermédiaire.

Au début du XIX<sup>e</sup> siècle, nous voyons que les services de la répartition des marchandises sont assurés par quatre catégories d'agents, constituant quatre séries de stocks : les importateurs dans les ports, les commerçants de gros dans quelques centres, les commerçants de demi-gros dans les localités secondaires, les commerçants de détail un peu partout.

Cette organisation répondait à une sage prévoyance des besoins de la consommation, la durée des transports par axe ou par voile étant plus lente et exposée à des interruptions plus conséquentes.

L'évolution, concomitante avec la transformation des moyens de communication, tend à éliminer d'abord les stocks intermédiaires et le commerce de demi-gros ; ce commerce se confond de plus en plus avec le commerce de détail. Bientôt on observe, au degré immédiatement supérieur, une division caractéristique : les uns se rapprochent du commerce d'importation ; les autres, du commerce de détail.

Les commerçants de gros qui évoluent vers la vente en détail présentent le plus d'intérêt au point de vue de nos recherches, car en exerçant le commerce de détail ils y apportent des capitaux croissants, et pour en trouver l'emploi dans les localités de second ordre, ils imaginent le système des filiales.

La tendance ne s'arrête pas : le commerce d'importation lui-même cherche à s'adjoindre le commerce de détail, soit par des filiales, soit par un système de colportage organisé.

Ces phénomènes et d'autres analogues constituent ce qu'on pourrait appeler la concentration technique dans le commerce.

A côté d'elle, on en trouve une autre, d'essence capitalistique.

Pour trouver l'emploi de capitaux de plus en plus abondants, les firmes d'importation abandonnent la spécialisation traditionnelle, et l'on voit naître parmi elles de véritables bazars, comme dans le commerce de détail.

Une grosse maison d'importation à Anvers a copié fidèlement le système des bazars ; chaque branche a son chef de bureau, porteur de procuration, comme le chef de rayon. A l'heure actuelle, la firme a cinquante-deux branches ainsi établies, avec une comptabilité séparée pour chacune d'elles.

Il n'y a, pour relier ces branches, qu'une caisse centrale, faisant office de banquier, et un conseil d'administration qui autorise l'emploi du capital engagé, surveille la marche de chaque section et dresse un bilan général, comme le banquier commanditaire.

La concentration se présente encore sous une autre forme, la compénétration de la production et du commerce. Nous verrons, en un autre endroit, des grands magasins organisant leur production ou s'annexant l'exercice de certains métiers.

Commençant par l'étape intermédiaire, nous devons signaler des maisons de gros qui s'annexent le métier. J'emprunte les exemples à mon observation personnelle. A Bruxelles, une firme, qui a le monopole en fait de la vente des draps aux tailleurs, possède déjà une quinzaine de maisons dont les marchands-tailleurs qui prêtent leur nom ne sont plus que les chefs apparents. Les brasseurs et les fabriques d'horlogerie avaient montré le chemin.

Toujours en Belgique, je connais une firme d'importation monopolisant l'article parfumerie qui s'intéresse à la cession et à la création de magasins de détail et se les attache par des contrats d'exclusion de tout autre fournisseur.

Au degré supérieur, nous voyons le commerce d'importation réserver une partie de ses capitaux pour prendre, au moment voulu, des paquets d'actions dans les industries clientes, apparaître aux assemblées qui nomment les conseils d'administration et s'y assurer la majorité afin d'en obtenir la clientèle sans concurrence possible. Cette méthode avait servi d'abord en Amérique pour la constitution des trusts.

Par un juste retour, on a vu des industries puissantes s'adjoindre l'exercice du commerce d'importation, créer et armer des flottes, etc.

Une appréciation sur les effets sociaux de cette concentration nous entraînerait trop loin, bien qu'appartenant au fond à notre sujet.

Voyons si et dans quelle mesure le commerce de détail et les métiers pourraient se servir de ces moyens.

Revenons à l'élimination systématique des intermédiaires. Dans la mesure où elle correspond à une transformation des voies et méthodes de communication, l'élimination des intermédiaires se présente aussi naturellement dans le domaine du petit commerce et des métiers que dans celui du grand commerce, mais avec une intensité moindre.

L'achat des matières premières se fait de moins en moins dans les centres intermédiaires, même lorsque les détaillants et les artisans achètent isolément. Si la question ne se compliquait d'une insuffisance du capital d'exploitation et si les marchands de gros n'avaient habilement adjoint à leurs affaires un embryon de banque à l'usage de leurs clients, les marchands de détail, on peut croire que les relations directes entre importateurs et détaillants ou artisans seraient déjà généralisées.

Le groupement des achats tend par lui-même à l'élimination de certains intermédiaires. Il pourrait aboutir, après une période de concentration suffisante, à une fusion du commerce d'importation et du commerce de détail, ou plus exactement, au remplacement de la firme autonome d'importation par le syndicat des commerçants de détail.

S'il est utile d'aller jusque-là, c'est un problème délicat que je ne voudrais pas résoudre avec les données insuffisantes du moment. Comme éléments de solution je me permets de signaler ceci : pour réunir les conditions de succès du commerce d'importation, il faudrait trouver les hommes ayant la capacité spéciale et l'expérience suffisante pour le diriger, donner à ce syndicat l'ensemble de relations nécessaires : or ce seront là de grosses difficultés et des sources de charges considérables pour le syndicat. Ces charges peuvent être supérieures, si l'on y ajoute les risques de perte, au bénéfice normal que prélève la firme d'importation autonome.

L'expérience qui se fait en sens inverse, c'est-à-dire lorsque les importateurs organisent la vente en détail, n'est pas tellement décisive qu'il faille pousser sans arrière-pensée à la concentration du deuxième degré.

La concentration technique a encore été tentée dans le commerce de détail et les métiers, par la juxtaposition de la production et de la vente.

C'est ainsi que l'on a vu les boulangers et les pâtissiers de Belgique créer, chacun de leur côté, une fabrique syndicale de chocolat et de confiserie. L'expérience a prouvé que les conditions de succès d'une entreprise industrielle ne sont pas celles de la réussite d'un petit commerce.

En Allemagne, la fabrication de la levure par les boulangers syndiqués a été un insuccès, tandis que la meunerie syndicale de Munich se maintient.

Somme toute, l'expérience ne paraît pas décisive, et dépend

beaucoup ici de l'écart momentané entre le prix de fourniture et le prix de revient. Si le bénéfice des industriels était considérable, l'exploitation en coopérative laisserait des bénéfices et aurait des chances de se maintenir.

En tous cas, il semble qu'on ne puisse pas arguer de la méthode au point de vue d'un renforcement de la capacité de concurrence du petit commerce et des métiers, pris dans leur ensemble, comme groupe social.

La concentration technique paraît possible, et il y a même des probabilités qu'elle se fera, tantôt sur un point, tantôt sur un autre. S'il n'est pas prouvé qu'elle est désirable, il ne l'est pas davantage qu'elle ne sera pas une nécessitée à un moment donné.

Mais il faut se garder d'entretenir des illusions sur son efficacité. Ce serait en ce moment plutôt une arme défensive qu'un instrument de progrès intrinsèque.

## III

### LES GRANDS MAGASINS ET LEURS PROCÉDÉS ESSENTIELS

#### 1. — *La complexité*.

La complexité paraît de l'essence des grands magasins, parce qu'elle est une conséquence presque nécessaire de la présence de capitaux de plus en plus importants.

La complexité se caractérise par l'accumulation de plus en plus considérable de marchandises hétérogènes. Dans l'histoire des grands magasins, on ne trouve pas toujours la complexité dès l'origine. Les grands magasins aujourd'hui naissent complexes, parce qu'ils sont constitués dès l'origine pour le placement de capitaux considérables. Mais autrefois les grandes firmes les plus notoires, tant sur le continent qu'en Angleterre, sont nées magasins spécialisés, parce que c'était l'entreprise d'un homme qui n'était pas l'agent d'un banquier. Le Bon-Marché, à Paris, en 1852, était un magasin d'aunages et de modes. Par contre, le Louvre se crée en 1855 d'emblée sur la base de la complexité, étant au capital de 150.000 francs. Le bazar Wertheim à Berlin, qui doit actuellement une cinquantaine de millions de marcs à son banquier, était en 1878 un petit magasin d'aunages et de mercerie. M. Léonhard Tietz ouvrit en 1879 à Stralsund un petit magasin analogue. Commandité ensuite par les banques, il se transforma en bazar; il a fini par s'adresser directement au marché financier ; ses établissements allemands forment une Société anonyme au capital de 12 millions 1/2 de marcs ; ses établissements belges, au capital de 10 millions de francs.

Or on observe dans tous les grands magasins la marche parallèle de l'afflux du capital de commandite avec l'accroissement de la complexité des marchandises offertes en vente.

Voici la répartition actuelle des affaires dans la firme Wertheim à Berlin. Il y a 57 départements dont voici l'énumération : 1. Lainages ; 2. Tapisserie ; 3. Pyrogravure ; 4. Etoffes pour vêtements ; 5. Soieries ; 6. Doublures ; 7. Cotons ; 8. Toiles et nappages ; 9. Mouchoirs de poche ; 10. Matinées ; 11. Literies ; 12. Tabliers ; 13. Corsets ; 14. Gants ; 15. Bas ; 16. Tricots ; 17. Laines à tricoter ; 10. Articles divers pour hommes ; 19. Chapeaux et casquettes ; 20. Parapluies et cannes ; 21. Dentelles et ruchés ; 22. Rubans ; 23. Chapeaux de dames ; 24. Voilettes ; 25. Fourrures ; 26. Confections pour dames ; 27. Robes sur mesure ; 28. Confections pour enfants ; 29. Confections pour hommes ; 30. Chaussures ; 31. Tapis ; 32. Cadres, gravures ; 33. Livres ; 34. Musique ; 35. Papeterie ; 36. Parfumerie ; 37. Coffrets et articles de cuir ; 38. Fantaisies pour cadeaux ; 39. Articles japonais ; 40. Bijouterie ; 41. Argenterie, montres ; 42. Jouets ; 43. Vannerie ; 44. Vaissellerie sculptée ; 45. Lampes ; 46. Cristaux, porcelaines ; 47. Objets de ménage, meubles de cuisine ; 48. Brosses, savons ; 49. Instruments d'optique ; 50. Cigares, tabacs ; 51. Denrées alimentaires ; subdivisions : *a)* Légumes et conserves ; *b)* Poissons ; *c)* Épicerie ; *d)* Beurre ; *e)* Fruits ; *f)* Volailles et gibier ; *g)* Viandes ; 52. Vins et liqueurs ; 53. Confitures ; 54. Salons de consommation ; 55. Fournitures pour la photographie ; 56. Bureau de voyages ; 57. Service des matériaux.

La firme Whitely à Londres a réparti ses services en 70 départements. Elle se distingue des grands magasins du continent parce qu'elle tend à sortir des opérations de ventes proprement dites, pour s'adjoindre une série de prestations de services. En voici la liste, probablement incomplète : 1. Atelier de photographie ; 2 Salon de coiffure ; 3. Pédicure, manucure ; 4. Pharmacie ; 5. Banque : dépôts et changes ; 6. Commission de Bourse : achats de titres, etc. ; 7. Assurances : vie et vol ; 8. Encaissement de loyers ; 9. Entreprise de ventes à l'encan ; 10. Bureau foncier : achat, vente et location de maisons et de terres ; 11. Écuries pour chevaux ;

12. Location d'équipages; 13. Entreprise de bals (dans l'immeuble même de la Westbourne Road ou à domicile); 14. Organisation de soirées; 15. Entreprise de déjeuners, dîners, banquets; 16. Peinture et décoration des maisons; 17. Installations électriques; 18. Installations d'eaux et gaz; 19. Entreprise de déménagements, transformation de mobiliers; 20. Blanchisserie; 21. Battage de tapis; 22. Teinture et dégraissage de tissus; 23. Location de places pour théâtres et concerts; 24. Bureau de voyages, wagons-lits; 25. Camionnage et expéditions; 26. Monuments funéraires, entreprise de funérailles.

Cette complexité, que nous trouvons historiquement liée à l'origine même du système des grands magasins, est-elle une conséquence nécessaire de la présence des grands capitaux? Ou bien la concomitance que nous venons de constater entre l'afflux de capitaux et l'extension du nombre d'articles dissemblables qui font l'objet du commerce n'est-elle qu'un cas fortuit? La question a son importance au point de vue de la transposition de cet élément aux petites entreprises. On a pu hésiter sur sa solution à cause d'un phénomène de concentration en sens inverse qui pendant quelque temps a paru croître en importance.

Il s'est créé des maisons de spécialités, concentrant de plus en plus la consommation d'un nombre restreint d'articles. C'était une concentration territoriale, si je puis m'exprimer ainsi. A l'étudier de près, on constate qu'elle provenait de deux causes : la transformation des moyens de communication dans la région en question, la capacité commerciale des chefs de firme appliquée avec intensité à une catégorie restreinte d'articles.

Presque toujours le succès commercial de ces grandes maisons de spécialités coïncide avec une réduction des tarifs de transports, abaissement des tarifs postaux pour imprimés, catalogues, ou avec le développement du système d'envois de petits paquets à prix réduit, permettant de servir sans dépense appréciable un rayon toujours plus étendu de consommateurs, ou avec l'ouverture de voies nouvelles, rapides, bon marché, trains électriques à service intensif, etc. C'est la cause extrinsèque ; on la résume en un mot : extension du groupe des consommateurs auxquels on peut s'adresser.

La cause intrinsèque se trouve dans les avantages de la spécialisation : choix considérable des variétés, abaissement du prix de revient par l'achat en masse d'articles semblables, habileté technique intensifiée par son application à des objets toujours les mêmes.

Ces deux causes, agissant l'une sur l'autre et réagissant, font en sorte que les consommateurs s'intéressent à ces firmes, que leur réputation s'étend avec leur popularité, que le chiffre des affaires atteint des proportions qui permettent l'emploi de capitaux de plus en plus conséquents, et qu'ainsi les caractéristiques du grand magasin à grand capital s'y retrouvent. Seulement le grand capital apparaît *a posteriori*, comme une conséquence d'autres événements.

La possibilité de la reproduction de ces phénomènes paraît limitée ; l'extension des importants *Spezialgeschæfte* d'Allemagne semble également rencontrer des obstacles décisifs.

C'est pour ces raisons que je n'ai pas cru devoir en faire une catégorie à part. Dans la tendance à la concentration, ces établissements constituent des unités presque anormales, occasionnelles et probablement tout à fait transitoires.

Et, s'il en est ainsi, on ne peut trouver dans l'existence de ces établissements une objection à notre thèse : à savoir que la complexité des articles offerts en vente est une conséquence nécessaire de la présence de grands capitaux.

Après cette démonstration négative, il sera aisé d'en faire la démonstration positive. Le capital doit être rémunéré ; appliqué au commerce de détail, il doit trouver sa rémunération dans la multiplication des transactions plus que dans l'écart profitable laissé par chacune d'elles. Cette multiplication est en raison directe des chances quotidiennes de vente, et par conséquent du nombre de besoins divers auxquels on peut satisfaire. Ainsi l'accroissement du capital doit amener la multiplication des rayons sous peine de voir diminuer le bénéfice proportionnel et de remettre en question la présence des capitaux.

Les conséquences commerciales de la complexité sont très différentes, selon qu'elle est ou non connexe à la limitation des types, dont il sera question ci-après.

Avec la limitation aux seuls articles courants dans chaque catégorie, la complexité signifie un roulement extra-rapide du capital engagé, une diffusion extrême des frais généraux entre des unités en quantité incalculable, et par là même l'augmentation du bénéfice global ou la faculté d'abaisser les prix de vente pour concentrer davantage encore le marché consommateur.

A elle seule, la complexité agit surtout comme moyen de réclame, comme contrepoids aux mortes-saisons et aux échecs partiels. La valeur de réclame réside en ce que, grâce au système du libre accès et du maniement des marchandises, quelque limité que soit le besoin qui décide un acheteur à entrer dans le magasin, il se trouve sollicité par une multitude d'autres offres et prend connaissance de beaucoup d'autres marchandises. Plus est grande la complexité, plus sera considérable le nombre des personnes sur lesquelles cette réclame occasionnelle aura prise.

La complexité fournit aussi un contrepoids aux mortes-saisons et ceci a son importance sur la répartition des frais généraux. Tandis que, dans le système de la spécialisation, la surcharge des frais de l'année entière pèse sur quelques mois, parfois quelques journées, comme c'était le cas pour les magasins de jouets, la combinaison de beaucoup de spécialités réalisant une compensation de mortes-saisons entre elles, les frais généraux peuvent trouver leur reconstitution partielle dans la vente quotidienne, sans qu'une journée doive porter plus que sa part.

Toute maison de commerce est exposée à des échecs partiels, et la statistique la plus attentive n'en préserve pas nos grands magasins. Il arrivera souvent qu'un article ne répondra pas aux espérances qu'on avait fondées au moment de son achat, qu'une opération qui devait se terminer avec un profit laissera une perte. Or la complexité aura pour effet de compenser la perte occasionnelle dans un rayon par le bénéfice de plusieurs autres rayons, et ainsi d'amortir son influence sur le sort de l'entreprise totale.

Faut-il chercher à introduire cette complexité dans le commerce des petites firmes autonomes et chez les artisans? L'adaptation est-elle possible? Répondons d'abord à la question de possibilité.

Il a paru longtemps que la complexité était impossible à concilier avec la petite autonomie. Cependant, en étudiant de plus près la structure des grands magasins, on a constaté qu'il y a là deux agents distincts : le banquier et les vendeurs. Le fait que ces agents ne constituent qu'une seule et même firme ne modifie pas leur irréductibilité réciproque, et, quand on y regarde de plus près, on constate que leur indépendance respective est plus grande en fait qu'elle n'en a l'air. Le fonds de roulement est fourni par le capital social, complété éventuellement par un institut de crédit. Ce fonds de roulement est appliqué par l'administration centrale successivement aux besoins des différents rayons et à ceux des services généraux (immeubles, comptabilité, remise à domicile) : ainsi un banquier prêterait à de petits commerçants isolés. Les chefs de rayon sont chargés des achats, presque sans contrôle de l'administration centrale. Le syndicat des bazardiers allemands, en pratiquant la politique des conventions collectives, a limité un peu leur indépendance dans le choix des fournisseurs, mais non en ce qui concerne la fixation des prix, le choix du personnel. Si le rayon est en déficit, le chef sera sans doute sacrifié : c'est le banquier retirant le crédit à un petit commerçant. On le voit, l'analogie est complète. Partant de cette observation, on a reconnu qu'il était fort possible de constituer, par voie de souscription d'actions ou d'emprunt collectif, un capital central, d'organiser avec son secours une halle aux produits où les chefs de rayon seraient des marchands autonomes et de faire administrer le tout par un comité élu par les associés.

Le nombre des magasins syndicaux pour la vente d'articles d'ameublement est considérable en Allemagne. Celui de Munich se rapproche déjà du grand magasin complexe par le nombre d'articles divers qui y est exposé et mis en vente.

Au coin des Faerbergraben, près de l'artère centrale de Munich, le passant peut admirer un grand magasin, d'aspect superbe, avec dix vitrines percées dans des masses de granit : c'est la maison des petits bourgeois, le siège du « Gewerbeverein » et du syndicat de vente de tous les métiers de l'ameublement réunis. Je dois à la vérité de dire qu'il n'y a pas à Munich de grand bazar aussi bien fourni que les magasins des syndicats de vente, formés par les artisans associés; parmi ceux-ci, le grand magasin du « Gewerbeverein » est le premier. Tout ce dont on peut avoir besoin pour meubler et orner une maison s'y trouve en abondance ; même les choses bon marché y ont cet air de bon aloi, de solidité loyale qui caractérise les produits de la petite industrie.

Les salles d'exposition du rez-de-chaussée comportent 284 mètres carrés ; celles du premier, 200 mètres ; celles du second, 124 mètres. On y pratique des arrangements systématiques d'ameublements complets ou assortis en des petites cases qui simulent des chambres. Ainsi le plus minime objet est mis en relief et souvent le visiteur l'achète, sur la constatation de l'effet qu'il produit, alors qu'il ne se doutait même pas qu'il y eût place chez lui pour quelque chose de pareil. En une seule année, on vendit pour 2.537 marcs de fleurs artificielles qu'un petit associé avait eu l'idée de poser sur une table de salle à manger, et d'accrocher à un lustre d'éclairage.

Le fonctionnement de cette institution est des plus simples. Le petit patron doit se faire affilier au « Gewerbeverein », association générale qui, depuis plus de 60 ans, s'occupe des intérêts des artisans et détaillants. Dès qu'il est associé, il a le droit de faire porter au magasin quelques-uns des produits de sa « propre » industrie (les revendeurs sont sévèrement exclus), en signant une attestation comme quoi cet objet a été fabriqué par lui, dans son atelier, suivant les règles de l'art et avec des matières premières de qualité loyale. Le gérant vérifie l'exactitude de ces affirmations, et fait déposer les objets à l'endroit fixé par les règlements.

Chaque objet est marqué en chiffres connus; le producteur établit le prix comme il l'entend; seulement il n'a pas le droit de consentir des délais de paiement. D'ailleurs les acheteurs ne payent-ils pas au comptant dans les grands magasins? ce n'est qu'un pli à prendre, et une fois l'habitude établie, la clientèle ne s'éloigne pas pour cela! Huit jours après la vente, le petit producteur passe à la caisse et touche le montant, sous déduction de 5 à 10 % (suivant l'emplacement occupé), à titre de contribution aux frais généraux. C'est tout ce qu'il aura à payer d'ailleurs.

A ce jeu, le « Gewerbeverein » ne fait pas de brillantes affaires, et c'est bien ce qu'il cherche. Car ici l'esprit syndical règne en maître incontesté. L'association est restée ouverte à tous, et les plus faibles y trouvent le meilleur accueil.

Pendant des années, on a été en déficit sur les frais généraux, tantôt de 1.000 marcs., tantôt de 2.000 marcs. Les cotisations sociales, les subsides du gouvernement, les dons et legs des partiuliers couvrirent ces déficits.

Mais, pendant ces mêmes années, deux à trois cents petits artisans firent l'économie d'un loyer de magasin, des frais d'éclairage et d'agencement. Et dans une ville comme Munich, cela représente une fortune, car, même dans les rues peu fréquentées, les loyers sont exorbitants.

Non seulement les artisans réalisèrent cette économie, mais ils purent encore offrir aux acheteurs leurs produits dans un cadre séducteur, au milieu d'un choix considérable, et cela à côté de la Grand'rue.

Ainsi s'explique que ces artisans habiles, mais de condition modeste, ont pu élever convenablement leur famille, vivre sans trop de privations du produit d'un travail loyal, et lutter pied à pied contre es établissements à grand capital.

Les relevés que je fis sur les livres de vente mentionnaient la vente d'environ 100 articles différents. Les meubles sculptés tenaient le premier rang, ayant rapporté 138.368 marcs; venaient ensuite les meubles rembourrés, pour 48.802 marcs; les boisselleries pour 3.591 marcs; la ferronnerie d'art pour 1.776 marcs : les meubles en fer pour 2.000 marcs, etc.

La caisse avait clôturé cet exercice sur un chiffre de 427.286 marcs; le total des envois était de 5.325, tandis que celui des ventes était de 7.236.

Il ne faut pas s'imaginer que les petits artisans de Munich ont trouvé cela tout seuls, ni que c'est avec leurs propres fonds que pareils services ont été organisés. L'idée d'aider les artisans à exposer convenablement leurs produits et d'en faciliter la vente se trouve dès l'origine au programme du « Gewerbeverein » de Munich; la charte-patente concédée par le gouvernement en 1848 relève cet objet parmi les œuvres sociales dont l'association aura à s'occuper. Mais le besoin ne s'en fit pas sentir tout de suite. On avait, dans les premiers temps, consacré tous les efforts à l'organisation d'un petit crédit bon marché et d'accès facile.

Quand se fit sentir l'envahissement du grand capital, et que de puissantes sociétés se mirent à tenir boutique, le « Gewerbeverein » organisa la lutte des petits.

L'administration communale de Munich participa également à cette œuvre d'intérêt public. Le terrain de la Faerbergraben lui appartenait; on fit démolir quelques vieilles bâtisses, et le terrain fut vendu au « Verein » pour 40.000 marcs, soit la moitié de sa valeur réelle. Car dans le contrat il est mis qu'en cas d'affectation à un autre usage ou de revente, le « Verein » devra payer un supplément de prix de 40.000 marcs. Encore la ville se contente-t-elle de toucher les intérêts à 4 % du prix. Aujourd'hui, le bâtiment et le terrain valent bien leur demi-million.

Dans ces derniers temps, des essais formels ont été faits : à Cologne d'abord, puis en d'autres villes de la Prusse; et tout récemment, à Londres, on a constitué des magasins centraux à capital syndical, groupant les articles les plus divers sans entamer l'autonomie des vendeurs. Aucune de ces expériences ne peut se réclamer d'un succès décisif.

On peut les considérer comme incomplètes, parce que tous les éléments du grand magasin ne s'y rencontrent pas. Il y manquait surtout la direction centrale, représentée par des capacités commerciales indiscutées, dotée d'une puissance d'action suffisante, concentrant les achats de façon à pouvoir pratiquer la politique des conventions avec les producteurs et les cartels.

Si nous sommes bien informés, il y manque aussi du capital. Les actions souscrites suffisent à peine aux frais généraux, à l'achat de l'immeuble, etc. ; le fonds de roulement est absent; il faut donc que chaque associé trouve son banquier.

Parmi les avantages techniques de la complexité, quelques-uns font défaut dans des institutions ainsi conçues, notamment la limitation des types, la concentration des achats.

L'expérience a seulement prouvé que la chose était possible et mis en relief les conditions indispensables au succès de pareille adaptation.

Les commerçants de détail associés ont trouvé dans ces magasins syndicaux un mode de publicité collective, rien de plus.

Faut-il pousser l'expérience plus loin? développer le système sur les mêmes bases que le grand magasin ?

L'utilité de pareille adaptation paraît plutôt accidentelle qu'essentielle au succès des petites autonomies. Il y a pour le moment un certain engouement du public pour le magasin complexe; cela s'est déjà manifesté à d'autres époques, et on voit périodiquement la spécialisation et la complexité à outrance jouir des faveurs du jour. Tant qu'existe cette préférence et là où elle se manifeste avec intensité, le bazar syndical peut être une arme à opposer au bazar capitaliste, ou tout au moins une digue pour empêcher que les petites autonomies soient englouties.

Ailleurs, il suffira d'un certain groupement des articles : les tailleurs s'adjoindront la chapellerie, les cols, cravates, gants; les coiffeurs vendront la parfumerie, les peignes et les bijoux, etc. Question de temps et de lieux.

Au point de vue des principes, il faut tenir la spécialisation, maintenue dans des limites rationnelles, pour une forme plus parfaite du commerce de détail, permettant à l'acheteur de trouver des assortiments plus complets et une connaissance technique plus réelle chez son vendeur.

Les producteurs aussi bien que les consommateurs, la loyauté et les qualités esthétiques des marchandises y trouvent leur compte.

### 2. — *La sollicitation des acheteurs.*

On peut encore considérer comme l'une des méthodes caractéristiques du commerce de détail, quand il est exercé par un établissement à grand capital, l'appel au public par tous les moyens imaginables y compris la surexcitation du besoin, la tentation. Ni le grand, ni le petit commerce sédentaire ne recourraient plus dans l'état actuel des mœurs à ces sollicitations qui, sous une forme plus directe, étaient devenues le monopole des forains et des ambulants.

La sollicitation des consommateurs affecte dans les grands magasins les formes les plus diverses, d'après les coutumes locales.

Les grands magasins français inventèrent les catalogues illustrés avec échantillons de tissus, étoffes, etc. On leur doit aussi le système des ventes saisonnières.

Voici le programme systématique des expositions de ventes saisonnières au Bon-Marché à Paris.

*Janvier.* — Liquidation générale de tous les articles d'hiver.

*Février.* — (Commencement) : exposition et vente spéciale d'articles de blanc ; (fin) : fleurs, gants, dentelles, parfumerie (articles de carnaval).

*Mars.* — Exposition des nouveautés de printemps.

*Avril.* — Exposition de toilettes et chapeaux de printemps.

*Mai.* — Costumes d'été.

*Juin.* — Toilettes et articles de voyage.

*Juillet.* — Liquidation générale.

*Septembre.* — Tapis, ameublements.

*Octobre.* — (Début) : Étoffes d'entresaison, nouveautés d'hiver. (Fin) : Toilettes d'hiver, fourrures.

*Décembre.* — Jouets, cadeaux de Noël, nouvel An.

Transportées plus tard en Allemagne, ces ventes saisonnières ont subi une transformation qui n'est pas sans jeter un jour curieux sur l'amour du charlatanisme naïf dans des populations à d'autres égards très avancées. On inventa les semaines blanches et noires, les semaines à 0 m. 95, à 2 marcs, etc. Pour ces dernières, on fait des assemblages de soldes hétérogènes, du papier à lettres et des couteaux, des casseroles et une pendule, etc. Ce sont des lots qu'il faut prendre en bloc, et ainsi l'acheteur se trouve amené à acquérir des choses dont il n'avait nul besoin.

Ces ventes saisonnières fournissent l'occasion de renouveler et d'intensifier l'emploi des deux principaux moyens d'attraction du public : les insertions dans les journaux et les étalages.

Un relevé assez récent fait par le secrétaire de l'Union des bazardiers d'Allemagne, concernant l'intensité de la publicité par insertion aux États-Unis, arrivait à 14 millions de marcs par an, pour les bazars suivants de la ville de New-York :

| | |
|---|---|
| John Wanamaker | 2.000.000 |
| Siegel Coopser Co. | 1.600.000 |
| Simpson Crawford Co. | 1.600.000 |
| R.-H. Macy and Co. | 1.400.000 |
| Adams Buy Good Co. | 1.200.000 |
| Bloemingdale | 1.200.000 |
| Hearn | 1.000.000 |
| Ehrig-Bros. | 800.000 |
| Fred Loeser and Co. | 800.000 |
| Abraham and Riam | 800.000 |

En Allemagne, les bazars ont pris l'habitude de régler la publicité sur le chiffre d'affaires ; la proportion ne dépasse guère 2 %. Ainsi en 1908 la Société Leonhard Tietz dépensa exactement 363.339,76 marcs en réclame (soit 1,27 %), Wertheim 500.000 marcs (soit 1 %).

Les bazars allemands ont cherché à établir une documentation internationale des étalages, que je considère comme une véritable contribution scientifique à la pédagogie commerciale. Les nombreux affiliés et correspondants du syndicat des bazardiers ont pour mission de photographier tout ce qui leur paraît sortir de l'ordinaire ou ce qui a eu du succès. Ces clichés sont conservés au secrétariat, à Berlin, et les plus intéressants, reproduits dans le journal du syndicat. Il y en a de tous les coins du monde.

L'étalage joue un rôle beaucoup moindre en Amérique.

C'est par la séduction du confort que Wanamaker veut retenir sa clientèle : l'intérieur des magasins est spacieux, aéré, confortable. Ce n'est pas un magasin, c'est une place publique couverte, où l'on se rend pour toutes sortes de choses, sans même songer à acheter. A chaque carrefour, des bureaux avec tout ce qu'il faut pour écrire : papier et enveloppes (réclames bien entendues), encre et buvards. Comme cela est très propre et très élégant, les dames et les messieurs y viennent faire volontiers leur correspondance. Il y a d'ailleurs des cartes postales et des débits de timbres. Dans les salles de lecture et les bars, les hommes viennent lire les journaux et discuter politique. On déjeune dans la maison, on s'y baigne, se fait soigner les cheveux ou les ongles. On y entend de la musique. On y dort aussi : il paraît que le salon des dames est absolument encombré aux heures de la sieste, tandis que les fauteuils basculant, rocking chairs, sont pris d'assaut une heure d'avance par les jolies dormeuses. Après quoi ces dames organisent de petites réceptions aux heures de thé, consommant la pâtisserie de la maison, y recevant chacune à son tour comme dans son salon privé. Un peu partout, des téléphones publics à la disposition des visiteurs. Avec cela, peu de souci de l'étalage : Wanamaker ne tient pas à ce qu'on s'arrête devant sa maison, mais à ce qu'on y entre ; après quoi il se multiplie, comme on vient de le voir, pour que ce séjour paraisse agréable, qu'on s'y considère à peu près chez soi, et qu'après en avoir appris le chemin, on y retourne naturellement. Ajoutons que, conformément aux mœurs américaines, toute espèce de sollicitation est interdite. Aucun vendeur « ne fait l'article ». Aucun passant n'est sollicité : liberté absolue d'aller et de venir. C'est vraiment une place publique, parsemée de multiples échoppes, mais qui semble appartenir à tout le monde, sauf à la firme.

Que faut-il penser de l'emploi des mêmes méthodes par le commerce de détail ?

L'appel au public constitue un travail ; c'est cela qui a séduit des économistes comme Leroy-Beaulieu et Werner Sombart. Dans l'inaction des petits commerçants ils ont voulu voir un état inférieur, et ils lui ont infligé le stigmate de la paresse.

Au point de vue social, il s'en faut cependant que ces sollicitations soient toujours un bien. Déjà de son temps, Zola avait décrit les effets de ces pratiques, tels qu'il les avait observées dans les

grands magasins naissants (1). Il ne paraît pas douteux que les
« occasions » aient pour conséquence de grever les petits budgets
de charges inutiles, de dépenses qui eussent été économisées. Il est
très certain que la tentation multipliée sous forme de manipulation
des marchandises, d'accès libre, d'étiquettes séduisantes, déve-
loppe l'instinct du vol. Un Allemand, M. Laquer, en a fait, il y a une
couple d'années, l'objet d'une dissertation académique (2) ! Les
vols dans les grands magasins sont considérables, permanents.
Leur montant vient s'ajouter au prix de revient des articles mis en
vente, et c'est là une cause de renchérissement. Il est impossible
d'en connaître le chiffre, lequel doit varier notablement d'une ville
à l'autre. Mais certains détails permettent d'en apprécier l'importance présumée. Public et personnel volent à qui mieux mieux
dans les grands magasins. Voici un fait précis concernant les vols
domestiques. Un procès vient de se terminer au printemps dernier
à Munich par la condamnation de onze personnes à des peines
variées, pour vols au détriment d'un grand magasin où six
d'entre elles étaient employées. La première avait détourné des
articles de vêtements pour plusieurs milliers de marcs au cours de
deux années consécutives ; la seconde, quantité de parapluies et
un coupon d'étoffe, valeur quelques centaines de marcs ; la troisième, attachée au rayon de lingerie, ne fut convaincue que pour
quelques objets, valeur 15 marcs ; la quatrième avait volé deux
jupons et quatre blouses, valeur 100 marcs ; la cinquième écopa
pour une longue série de vols de chaussures, valeur plusieurs milliers de marcs en trois années. Presqu'à la même époque, le tribunal
de Berlin condamnait en bloc cinquante-quatre employés vendeurs
des deux sexes, et un chef de rayon pour vols. Le personnel de ce
grand magasin-là était vraiment mal recruté ! Il n'est pas étonnant
que la firme ait fait une faillite « éclatante » avec un passif final
de 1.800.000 marcs. C'est sur la plainte du curateur que le parquet
découvrit ces pratiques intéressantes. Voici un élément d'appréciation concernant les vols par des visiteurs. Une firme de Chicago,
pour combattre les vols, entretient en permanence dans son magasin cinq détectives, de dix à vingt-cinq dames, selon les saisons,
appelées « Stool-pigeons » qui ont l'air de se confondre avec le

(1) *Au Bonheur des Dames.*
(2) Laquer : *Der Warenhaus-Diebstahl.* Halle, 1907.

public et de s'installer sur des chaises pour se reposer un brin. En outre, chaque section a un surveillant attitré et chaque vol surpris en flagrant délit donne lieu à une récompense d'un à 5 dollars.

La maison Tietz, à Bruxelles, occupe trois agents de la police judiciaire.

Moindres sont les inconvénients sociaux des méthodes d'appel qui ne touchent pas aussi directement le public consommateur : les étalages, les insertions dans les journaux, les prospectus et catalogues. L'efficacité de ce travail de la clientèle, de ces appels incessants, renouvelés sous toutes les formes, est telle qu'on hésite cependant à formuler l'interdiction absolue pour les petits commerçants de s'en servir à leur tour, quand ce ne serait que pendant la période transitoire, jusqu'à ce que l'engouement pour la nouveauté, aujourd'hui le bazar, ait fait place à une réaction inévitable, la recherche de la variété, la garantie de la qualité.

Est-il possible pour les petits détaillants (artisans) d'employer des moyens analogues ou identiques ?

Le syndicat des commerçants de Berlin (*Verband Berliner Spezialgeschäfte*), en collaboration avec l'association pour le développement de l'enseignement professionnel, a organisé une école permanente d'étalage. Un certain nombre de spécialistes dans les arts industriels ont été associés à la direction, ainsi que des techniciens de l'éclairage. Le programme de l'école comporte les différents aspects de l'art d'étalager : la culture du goût et l'adaptation pratique commerciale.

Avant lui, l'association des boutiquiers néerlandais (*Algemeene winkeliers vereeniging*) avait institué, avec des subsides de l'État, un cours ambulant de l'art d'étalager. Cette pratique devrait être généralisée ; par elle on peut adapter au petit commerce et aux métiers l'un des procédés les plus fructueux employé par les grands magasins. L'enseignement doit comprendre les différents éléments de la matière : la recherche du but commercial, certaines règles de convenance esthétique, d'hygiène et de mécanique. Le but commercial, c'est d'attirer l'attention des passants distraits et blasés, ensuite de faire naître en eux la convoitise de l'objet offert. Doit-on blâmer celui qui atteint ce résultat par le burlesque ? Peut-on créer des styles nationaux, conformes aux mœurs locales ? Est-ce que la laideur ne sert jamais de sujet aux beaux-arts ?

La qualité essentielle d'un enseignement en cette matière me paraît être l'incitation qu'il donnera à l'imagination des élèves. Chaque professeur peut avoir son esthétique, mais il ne doit pas chercher à l'imposer ; c'est la souplesse qu'il doit apprendre. Aussi je ne conçois pas ces conférences sans des projections nombreuses, illustrant les théories, suggérant des idées, donnant la clef de certaines combinaisons qui produiront la variété indéfiniment. Et puis une conférence est insuffisante et inutile : elle doit être suivie d'exercices pratiques et de quelques leçons techniques, car il y a une technique des étalages, basée sur la résistance des matériaux, sur les dangers d'incendie, sur l'interchangeabilité de certains objets. Ces exercices vaudraient mieux que les concours d'étalages organisés dans certaines villes de Belgique, et qui ne constituent, somme toute, qu'une dépense frivole pour leurs budgets.

3. — Une clientèle hétérogène.

Le mélange des classes sociales dans la clientèle constitue un élément technique dont la valeur n'est pas souvent soulignée. Cependant son importance est aisément démontrable par la diffé-rence du sort d'un bazar placé au centre d'une agglomération et d'un autre qui se trouve dans un quartier plus modeste. Le nombre d'acheteurs peut être égal, supérieur peut-être même dans le quartier populeux : ce qui importe, c'est l'écoulement rapide de toutes les marchandises. Or, l'aménagement luxueux des grands magasins centraux a pour effet d'y attirer la clientèle bourgeoise, aisée, parfois même les riches. Pour ceux-là, on se fournit de nouveautés et d'articles d'apparat ; suivant la politique des moyennes, les premiers exemplaires se paient au tarif fort ; peu après, les prix baissent ; puis vient la liquidation où l'on peut sans inconvénient descendre en dessous du prix de revient. L'entrée libre facilite aux modestes l'accès des grands magasins, l'annonce des liquidations les attire, et le tarif des liquidations est à la portée de leurs bourses. Ce mélange de clientèles, en supprimant les immo-bilisations, augmente la proportion des bénéfices ou permet d'abaisser le prix de vente selon les cas. Il est donc avantageux.

Or, ce mélange n'existe pas dans les magasins des commerçants en détail, ou des artisans. Selon la rue ou le quartier, il se forme une clientèle limitée à une ou deux catégories très voisines d'acheteurs. Leurs besoins sont presque identiques ; sitôt qu'ils sont satisfaits, le surplus de marchandises devient invendable. Abaisser le tarif au niveau des liquidations, ce serait risquer de déprécier l'article et de mécontenter ceux qui ont acheté ; cela sans chances d'ailleurs d'amener les petites gens à franchir les magasins où on est habitué aux grandes manières. Que si toutefois, tentée par l'affiche des prix, cette clientèle modeste prenait le chemin du magasin aristocratique, il y a beaucoup de chances que celui-ci ne soit mis à l'index ou déserté par sa clientèle riche. Et il en est ainsi à tous les degrés.

Serait-il possible de modifier cet état de choses, d'appliquer aux commerçants autonomes le système du mélange ?

Tant qu'ils restent isolés, on ne voit pas le moyen d'y réussir, pour les raisons que nous venons d'exposer.

Autre chose serait si l'on faisait intervenir ici l'organisation syndicale. On peut la supposer agissant de plusieurs manières.

Il y a d'abord le mélange résultant de la marche plutôt lente de la mode, selon l'importance des agglomérations. Des articles dont on est saturé au bout d'un mois dans la capitale sont encore neufs dans les villes de province, et peuvent se vendre avec succès trois mois après dans les villes secondaires. Les maisons de gros et les importateurs connaissent très bien cette lenteur d'infiltration et en profitent ; les fabricants eux-mêmes classent ainsi les pays, et n'ont aucune crainte pour les invendus d'une première année. On peut donc imaginer un service d'approvisionnement syndical, qui fonctionnerait sans trop de difficultés entre associés de villes différentes.

Il y a ensuite le mélange résultant de la différenciation des quartiers. Le courant d'achat dans la périphérie est autre qu'au centre des grandes agglomérations. De même qu'il y a un commerce très florissant des marchandes à la toilette, pour racheter les choses coûteuses qu'on n'use jamais, ainsi une entente syndicale pourrait donner aux magasins qui n'ont pas le droit d'accueillir les clients de mise plus modeste, l'occasion de vendre leurs stocks à des prix de liquidation. On peut même imaginer plusieurs formules : ou la création à frais communs d'un débit qui serait une filiale en quelque sorte, vouée aux soldes, ou l'entente avec les firmes autonomes de la banlieue, lesquelles ne demanderaient pas mieux que d'obtenir le bel article à des prix accessibles à leur clientèle, ou le transport sur les marchés publics, des foires, etc.

Ces observations valent principalement pour les articles sujets à la dépréciation de la mode ; mais elles ne sont pas inutiles pour tout autre article, en considération de l'avantage qui résulte de la circulation rapide des capitaux, de la brièveté de l'immobilisation, de la liquidité de l'actif.

Et puis, quelle est la marchandise de consommation courante qui n'est pas soumise soit à la mode, soit à un danger d'altération ?

A l'appui de ces considérations sur la technique des grands magasins, nous devons citer certains chiffres qui ont leur importance.

La Société allemande Léonhard Tietz, propriétaire d'un grand magasin à Cologne, avec une dizaine de filiales dans la région rhénane, a récemment introduit ses titres à la Bourse de Berlin. A cet effet, conformément à la loi de 1896, elle a dû publier certains extraits de bilans, et la publicité est entourée de garanties de sincérité.

Ces bilans donnent les renseignements suivants (chiffres absolus en millions de marcs) :

|  | 1905 | 1906 | 1907 | 1908 |
|---|---|---|---|---|
| Chiffre d'affaires.... | 24 | 25,7 | 27,85 | 28,64 |
| Bénéfices bruts..... | 6,9 | 7,66 | 7,73 | 7,67 |
| Frais.............. | 5,27 | 5,46 | 5,71 | 5,77 |
| Bénéfices nets...... | 0,90 | 1,03 | 1 | 1.18 |

Réduits en pour cent du chiffre d'affaires, nous obtenons :

|  | 1905 | 1906 | 1907 | 1908 |
|---|---|---|---|---|
| Bénéfices bruts..... | 28,80 | 29,80 | 27,70 | 26,80 |
| Bénéfices nets...... | 3,75 | 4 | 3,60 | 4 |

Si, reprenant les chiffres absolus, nous déduisons du chiffre des ventes les bénéfices bruts, nous avons les

|  | 1905 | 1906 | 1907 | 1908 |
|---|---|---|---|---|
| Totaux des achats... | 17,07 | 18,04 | 20,12 | 20,94 |

Prenant ces chiffres pour base, nous pouvons calculer :

|  | 1905 | 1906 | 1907 | 1908 |
|---|---|---|---|---|
| La surcharge totale | 40,60 % | 42,46 % | 38,12 % | 36,63 % |
| — p. frais | 30,86 | 30,26 | 28,38 | 27,56 |

Une moyenne de 29,25 % de frais pour la période quinquennale est considérable.

Ces chiffres prouvent la force des différents procédés techniques que nous venons de décrire, car de deux choses l'une : ou bien, malgré l'élévation de ces charges, les prix de vente sont inférieurs à ceux du commerce local, et alors l'efficacité des achats en commun, du paiement comptant, du mélange des clientèles est vraiment très grande ; ou bien les prix de vente ne sont pas inférieurs à ceux du commerce, et alors il faut admirer l'efficacité de la publicité, l'attrait du maniement libre des marchandises, et de quelques articles réclame. Et d'une façon comme de l'autre, les petits commerçants ont intérêt à se servir de moyens analogues.

4. — La réduction des types.

Occupons-nous maintenant d'une tendance inverse dans la technique des grands magasins.

Si, au point de vue de la nature des marchandises et de la clientèle, les grands magasins font appel au principe de la complexité, au contraire, c'est la méthode de l'élimination, la réduction au plus petit commun dénominateur qui prévaut pour chaque article en particulier.

La variété de la production moderne est extrême et va croissant constamment. La spécialisation des magasins permettait de suivre, dans une large mesure, ce mouvement progressif ; tenant peu d'articles, les magasins de détail pouvaient réunir des assortiments complets. Le grand magasin, tenant beaucoup d'articles, devait se limiter dans l'assortiment ; et le principe d'une circulation ultrarapide étant son idéal, il devait se limiter à l'espèce la plus demandée, soit à cause du prix, ou des apparences, soit à cause de la manie d'imitation qu'on appelle la mode. Le même phénomène a été observé dans les sociétés coopératives de consommation.

Par distraction, suggestion ou apathie, les consommateurs se font à ces procédés qu'ils eussent d'ailleurs trouvés intolérables de la part de commerçants spécialistes. Ils s'habituent à la banalité courante, à l'uniformité dans la vie. On s'offre réciproquement des cadeaux identiques ; on boit les mêmes vins en dînant chez une douzaine d'amis différents ; on retrouve partout les mêmes meubles, les mêmes bibelots. Les communications faites au dernier Congrès international des sociétés coopératives anglaises constatent que les types courants tendent à se réduire constamment, que le travail des administrateurs-acheteurs se simplifie d'année en année.

Les conséquences commerciales de cette tendance sont les suivantes : 1° l'unification de la consommation, qui rend possible l'unification de la production, et ensuite un nouvel abaissement du prix de revient, correspondant à l'achat en masse de matériaux identiques, ainsi qu'à la fabrication en masse, automatique; 2° l'achat en masse, donc à des prix réduits, de la part des grands magasins et coopératives; 3° la réduction au minimum des articles délaissés, donc une moindre immobilisation de capitaux, une moindre dépréciation finale.

Les conséquences sociales de cette tendance sont : la monotonie de l'existence; la perversion et l'extinction progressive du sens esthétique, du goût; l'abaissement de la personnalité, de l'individualité, faute d'aliments sur lesquels elle pourrait s'exercer; la suppression des industries d'art, combinaison de la personnalité avec la variété et antithèse de la production en masse.

Toutes ces conséquences constituent aussi les prodromes et les caractères distinctifs de la décadence d'une nation, d'une civilisation.

On est ainsi amené à se poser cette question plus grave, et qui déborde notre sujet : Faut-il conseiller aux commerçants autonomes de collaborer à cette entreprise de décadence, parce qu'ils pourraient s'assurer transitoirement des bénéfices plus élevés? Faut-il au contraire leur prêcher le renoncement à ce gain facile, en considération de l'œuvre sociale qu'ils accompliront? Je ne suis pas loin d'adopter cette dernière conclusion, mais c'est à la condition que ces nobles intentions seront soulignées, encouragées. Il importerait qu'on éclairât le public consommateur sur les points d'arrivées opposés de ces deux voies, et qu'on s'efforçât de trouver certaines compensations, capables, sinon de contrebalancer la perte du bénéfice, au moins de faciliter la survivance de ceux à qui on confie une mission de progrès social et artistique. On peut prévoir d'ailleurs que cette campagne éducative ne sera pas stérile; les consommateurs rendus attentifs aux avantages de la variété, par là même qu'ils éparpilleront leurs achats, assureront le sort des magasins spécialisés; ce n'est pas une question de sacrifices, mais simplement un déplacement du courant, la décentralisation des achats succédant, en guise de réaction, à une excessive concentration.

Nous voici donc en présence d'un procédé technique profitable, aisé à introduire, et dont nous voulons cependant déconseiller l'adaptation au petit commerce et aux métiers.

Est-ce à dire que la rigueur de ces principes ne comporterait aucune exception? N'y a-t-il pas un moyen terme, qui serait non pas la vérité, non pas le point juste, mais une expression d'opportunisme?

Il est certain que les situations locales, très différentes au point de vue traité en ce moment, suggèrent des solutions également différentes.

Il est des localités si éloignées des centres, où la population a des modes de vie et des besoins si limités et si semblables, que l'assortiment des marchandises n'y est pas encore usité. Même les magasins spécialisés n'y tiennent que l'article courant. Pour celles-là, l'introduction de la variété est un progrès, et quand ce ne serait qu'à cause de la nouveauté du fait, les commerçants qui s'y consacreront les premiers en recueilleront des fruits abondants. Voilà la solution profitable, dans cette hypothèse-là, et on y joindra naturellement l'achat en masse du type courant, selon la formule syndicale à laquelle nous avons fait allusion en plus d'un endroit de ce rapport.

Il est d'autres localités où la spécialisation est encore la règle, où la variété correspond aux usages, où c'est la concentration, l'uniformisation qui seront la nouveauté de demain. Dans celles-là, il faut se préparer à la bataille qui ne manquera pas de survenir. En même temps qu'on fait l'éducation du public consommateur en lui montrant les inconvénients de la concentration possible, en vantant la supériorité d'un régime de variété et d'individualisme, il faut cependant se préparer à lutter avec le grand magasin qui va venir ou qui, d'une ville voisine, cherche à étendre ses tentacules de pieuvre concentrante. Pour cela, pas d'autres ressources que de pratiquer les premiers l'achat en masse de l'article courant, au moyen du groupement syndical. Cette politique permettra de constituer un trésor de guerre indispensable à un moment donné, ou de prévenir l'influence du grand magasin en pratiquant la réduction spontanée des prix.

Enfin, dans les grandes agglomérations où la question est posée, tout en maintenant le principe de la spécialisation et des assortiments complets, l'achat en commun permettra encore de suivre les prix des grands magasins sur les articles courants. Un type moyen existe ; il serait naïf de prétendre le supprimer, mais il est adroit de n'en point laisser le monopole au grand magasin concurrent, de ne pas le vendre sans un bénéfice suffisant : double résultat qu'on obtient par le groupement des achats.

Je voudrais présenter encore une observation au sujet de la pratique de ces groupements. On a prétendu que les syndicats d'achats en commun avaient précisément les désavantages que nous venons de mettre au passif des grands magasins, qu'ils poussaient les commerçants autonomes, les artisans surtout, dans les voies de l'uniformisation et de la banalité. L'objection a été faite fréquemment par les artisans, lorsque des propagandistes syndicaux venaient les solliciter. C'est pour ce motif qu'il y avait intérêt à la relever ici. Le groupement des achats peut se faire par voie d'uniformisation de types ; cela ne présentera guère d'inconvénients pour certains métiers, les menuisiers, les boulangers, par exemple. Le syndicat des boulangers d'Anvers, pour préciser un cas d'observation personnelle, a réalisé un progrès notable en éliminant par la force de son groupement les qualités inférieures des farines qui ne se recommandaient que par leur prix. Mais il est très inexact de prétendre que le groupement ne peut s'opérer que de cette façon.

Je prends encore deux cas d'observation personnelle. Les coiffeurs ont affaire à une variété extrême de produits ; chez eux, c'est un pullullement de marques plus ou moins connues, dont la vogue se succède d'ailleurs assez rapidement. L'achat en masse était une impossibilité dans sa formule primitive. Mais l'ingéniosité du syndicat de Bruxelles a trouvé d'autres formules : sans parler d'une marque syndicale qui fut lancée avec succès et permit quelque temps même une production en masse (petit truc qu'on peut réitérer périodiquement, chaque fois que le public veut du neuf), il fut convenu qu'on grouperait les commandes par producteur, chaque firme s'intéressant à une gamme plus ou moins complète d'articles de parfumerie. Lorsque cela n'était pas possible, on groupait les commandes par firme d'importation ayant le monopole, ainsi que cela est d'usage dans ce genre de commerce. Dans les deux cas, la réduction du prix était calculée non sur la masse d'unités identiques, mais sur l'importance du chiffre d'affaires global.

L'expérience de plusieurs syndicats belges de tapissiers et fabrcants d'ameublement est analogue. Dans ce métier non plus, il

4

ne peut être question de s'approvisionner par milliers de mètres de tentures identiques.

Ainsi la voie a été indiquée, et il est bien prouvé que la multiplicité des types, la variété des assortiments peut être réalisée avec les avantages commerciaux du groupement des achats.

S'il fallait une solution moyenne aux partisans acharnés de l'adage *in medio virtus,* je me permettrais de leur suggérer celle-là.

### 5. — *La statistique.*

Dans les procédés techniques des grands magasins, il est un élément important : la statistique.

Cette statistique est l'expression graphique du contrôle incessant exercé par la direction centrale sur chacun des chefs de rayon et, par son intermédiaire, sur l'activité de chaque agent. Le mode de procéder est le suivant : chaque rayon est crédité, d'après le bilan de l'année qui précède, d'une somme : le chef peut proposer ou effectuer des achats d'après un tarif mensuel, le rendement des ventes est prévu à l'avance.

Il en sera ainsi non seulement pour lui, mais pour chacun des agents placés sous ses ordres. Les feuillets statistiques, composés par le relevé des livrets-souches où s'inscrit chaque vente, ont généralement la disposition suivante :

**RAYON X** : Chiffre des prévisions........ Total effectué.......

| AGENT | | PRÉVISIONS | VENTES | BONIFICATION |
|---|---|---|---|---|
| NOMS | TRAITEMENTS | | | |
| | | | | |

L'agent qui reste au-dessous des prévisions est surveillé et, au bout de peu de temps, congédié.

Pour le chef de rayon responsable, la statistique se complique. Son feuillet porte :

| Inventaire | *(mois de 2 années comparées)*. |
| --- | --- |
| Entrées | |
| Sorties | |

| | CHIFFRE BRUT | % DES FRAIS | SURCHARGE |
| --- | --- | --- | --- |
| Année en cours.... | | | |
| — précédentes. | | | |

Si d'après sa feuille le rayon reste en déficit, le chef sera impitoyablement sacrifié.

Les conséquences commerciales de ce procédé sont : la corrélation étroite et constante des achats avec les ventes, la réduction des immobilisations, la vérification fréquente de l'exactitude du prix de vente, la révélation rapide de tout recul dans le chiffre d'affaires et la possibilité d'en découvrir et supprimer la cause avant que l'entreprise en ait souffert.

La vérification fréquente est un élément essentiel de l'exactitude du prix de revient. En effet, celui-ci n'est basé que sur deux séries d'hypothèses. On aura pu additionner tous les détails des dépenses de frais généraux et de frais d'exploitation d'une ou de plusieurs années précédentes : c'est le terme connu. Mais la constance de ce terme est problématique. Or, si le total des frais augmente, la surcharge n'est pas adéquate, et l'on perd de l'argent croyant en gagner, anssi plus la clientèle augmente et plus vite on sera acculé à la faillite ; ainsi la première série d'hypothèses.

La seconde, analogue à celle-ci, a sa source dans la base d'application. Toutes les fois qu'on le peut commodément, il faut répartir les dépenses sur chaque production et ne porter aux frais généraux que les dépenses indivisibles. Un maçon peut calculer le prix de revient sans difficultés, parce qu'il s'agit de travaux peu complexes. Un boulanger, au contraire, exploite à la fois un établissement de vente où passent des dragées, du chocolat, etc., et un atelier de production. Tandis que les salaires de son personnel de vente sont communs aux deux branches, ses porteurs ne servent que pour les

pains, ses mitrons produisent des pains et des petits produits con-
sommés sur place. C'est peut-être l'exemple le plus compliqué qu'on
puisse choisir. Si l'on n'opérait pas la division des frais, les dragées, etc. seraient grevés de frais énormes, qui écarteraient les
acheteurs, tandis que le pain serait trop détaxé, et il adviendrait,
dans l'hypothèse d'une augmentation exclusive des gros produits,
que le boulanger perdrait au lieu de gagner !

Dans la plupart des métiers, les frais généraux se répartissent
mieux sur la main-d'œuvre, parce que la production est l'acte principal. Un ferblantier a trouvé dans son bilan 2.000 francs de frais
généraux, 4.000 francs de main-d'œuvre, 1.000 francs de matériaux;
l'année qui suivra, il fera bien de grever chaque franc de main-
d'œuvre d'une surcharge de 0 fr. 50 pour frais généraux, parce que
la somme des matériaux peut varier notablement, selon la nature
des choses qui lui sont commandées. S'il ne veut grever que le
chiffre d'affaires, un menuisier qui a calculé ses frais généraux sur
6.000 francs de bois, une année où il a fourni des articles en chêne,
perdra 20 % l'année suivante s'il a travaillé principalement du
bois blanc et que le chiffre de la valeur des matériaux ne s'élève,
à cause de cela, qu'à 4.800 francs. Ceci avec un chiffre d'affaires
identique cependant.

Il en est autrement pour les commerçants de détail, qui doivent
ajouter les frais généraux au coût des marchandises, quitte à
prendre une certaine marge pour corriger les erreurs éventuelles.

Résumons : la division en frais de production et frais généraux
varie d'après les professions. Les frais de production doivent être
calculés et imposés en entier sur chaque produit ou série de produits;
les frais généraux doivent être répartis sur une somme annuelle
globale, qu'on déterminera provisoirement par les chiffres du dernier bilan. Cette somme globale peut être soit la somme en argent
payée à la main-d'œuvre (salaires du patron, des ouvriers et des
apprentis), soit le total des heures de travail qui composèrent la
main-d'œuvre, soit le total des matériaux qui entrèrent dans la
production; soit le total des frais d'exploitation, c'est-à-dire des
salaires et des matériaux ensemble, soit le total du chiffre des
ventes atteint l'année précédente. La nature de l'entreprise et l'expérience décident le choix entre ces divers totaux. Quand on a les
sommes globales et leur pourcentage, on peut établir le prix uni-
taire.

Mais le prix de revient, qui décide du prix de vente, repose aussi sur l'hypothèse de chiffres constants. Il importe au plus haut degré, à la prospérité de toute entreprise de vente, que les calculs présumés soient contrôlés et corrigés aussi fréquemment que possible. Voilà ce que permet l'organisation statistique des grands magasins.

Elle a d'autres conséquences : par exemple, de montrer la tendance du marché, les effets de telle ou telle politique commerciale.


IV


### LES PROCÉDÉS OCCASIONNELS DES GRANDS MAGASINS


Comme élément accidentel de la technique des grands magasins, nous croyons pouvoir signaler la tendance à une concentration à la seconde puissance.

Elle est née en Allemagne, sous la forme d'un syndicat de résistance, qui est devenu rapidement un groupement en vue des affaires; elle s'étendit ensuite à travers le monde sous forme d'une solidarité commerciale (*Interessengemeinschaft*).

Nous étudierons successivement ce syndicat (*Verband d. Waren und Kaufhäuser*), la forme la plus complète de son activité, les conventions et leur extension internationale.

La constitution officielle du *syndicat* comme association enregistrée date du 25 février 1903. Trois sources nous permettent de connaître à peu près sa structure et son activité : les statuts, les rapports annuels et le journal bi-mensuel.

Dans les statuts, nous voyons deux catégories de membres : les chefs des firmes de vente, les producteurs. Bien qu'il n'y ait en Allemagne que 400 grands magasins au total, le nombre des membres du syndicat était, au 2 février 1910, de 2.555. L'emploi fait chaque année des ressources, qui doivent être considérables, n'est pas livré à la publicité. D'après le programme avoué, il faut présumer que les fonds sont employés, en sommes inégales : 1° à lutter contre la politique des classes moyennes, notamment là où elle tend à restreindre la liberté du commerce; 2° à maintenir un contact permanent avec les fonctionnaires compétents en matière industrielle et avec les parlementaires; 3° à défendre les intérêts des bazars dans la presse; 4° à soutenir des procès importants; 5° à assurer le service du bureau central.

Un comité de seize membres, présidé par M. Oscar Tietz, dirige le syndicat.

Le rapport annuel de 1909, très abondant en ce qui concerne les faits et gestes des défenseurs des classes moyennes, est très sobre au sujet de l'activité interne du syndicat.

Autrefois, ces rapports étaient moins mystérieux. C'est ainsi qu'on peut y lire que le fonds de caisse reporté en 1906 était de 40.000 marcs; que les cotisations des membres non effectifs seuls produisirent cette année-là 22.000 marcs. Dans le rapport pour 1909, on lit seulement que le secrétariat central a échangé au cours de l'exercice une correspondance dont l'index s'arrête au total de 38.627 unités (entrées et sorties ensemble); qu'il a été donné 1.681 avis, dont 278 concernant les cartels de producteurs, 141 indiquant l'origine des produits, 156 au sujet de la nouvelle loi contre les abus de la concurrence, etc.

L'Union est dirigée par un comité de seize membres, que préside un bureau.

Les sections de travail se sont réunies cinq fois au cours de l'année 1909; la section la plus active parait être celle des conventions et des achats. A la sixième assemblée générale, ses membres rapporteurs rendirent compte des conventions conclues avec les syndicats de producteurs : *a)* pour les porcelaines; *b)* pour les soieries; *c)* pour les tricots; *d)* pour les articles de fantaisie.

Le journal bi-mensuel (*Zeitschrift f. Waren und Kaufhaüser*) est consacré principalement aux services d'informations commerciales et, à cet égard, peut passer pour un modèle du genre.

Un service d'informations très consciencieux signale l'arrivée dans les ports ou les grandes capitales des chefs d'industrie ou de leurs agents. Toutes leurs étapes, les hôtels où ils logent, les marchandises qu'ils ont à vendre, tout cela est indiqué aux associés. Il en est de même de la recherche des origines de tel ou tel produit qui a été remarqué à une vitrine, ou qui a la faveur de la clientèle. L'ardeur avec laquelle on voit les associés faire cette chasse aux origines nous permet d'apprécier l'intérêt qu'ils y trouvent.

Des correspondants, placés dans les principales villes, ont pour mission de signaler tout mode d'étalage, tout genre de réclame qui leur paraît nouveau ou qui a fait sensation dans la région. La photographie en est communiquée à tous les associés.

On communique de même la photographie, et parfois le plan de bâtisse, de tout nouveau bazar.

L'organisation des achats est le point sur lequel s'est porté l'effort le plus marquant des fondateurs du syndicat des bazars. Malgré la puissance d'achat considérable de chacun d'eux, les grands bazardiers n'en ont pas moins cru devoir recourir à la formule du syndicat, que les artisans allemands avaient pratiquée avant eux, mais avec moins d'énergie. Le Syndicat continental comprend 264 associés, chefs de 402 bazars. Il a conclu avec les grands bazardiers américains une « communauté d'intérêts », qui est copiée sur la clause de la nation la plus favorisée inscrite dans les traités de commerce. Les noms et les tarifs de tous les fabricants sont échangés, et, sitôt qu'un rabais est consenti en un endroit, tout le groupe en est avisé.

Pour s'attacher plus étroitement les fournisseurs habituels, le syndicat a créé une classe de membres non effectifs, payant une cotisation de 15 francs par an; leur nombre, à la dernière assemblée plénière, était de 2.255.

Ce syndicat organise des bourses aux échantillons, comme le syndicat allemand des marchands d'aunages (Weimar) le faisait avant lui, bourses rigoureusement fermées et accessibles seulement aux associés et aux délégués de fabricants qui ont une marchandise à offrir. De temps à autre, il convoque les fabricants d'une industrie déterminée.

Cette forme plutôt primitive du groupement des achats ne pouvait convenir longtemps à des acheteurs comme les grands magasins. On lui substitue de plus en plus la politique des conventions. Que sont ces conventions dont nous voyons faire mention si fréquemment dans les publications du syndicat? C'est une forme supérieure de l'achat en commun. Lorsque le syndicat se trouve en présence des cartels de producteurs, il négocie de puissance à puissance. Ces négociations ne sont pas toujours heureuses, ni paisibles. Nous assistons parfois à des hostilités suivies, refus de fournir aux bazars et boycottage réciproque de certains fabricants. Voici deux exemples empruntés au rapport de 1909.

Le premier concerne le fil à coudre.

Il faut savoir que, par suite de la concurrence, dans plusieurs

villes d'Allemagne le fil à coudre était vendu au détail en dessous
du prix de revient, c'est-à-dire au prix d'achat. Remarquons en
passant que la méthode de la concentration n'avait nullement
servi le progrès dans l'occurrence. Les fabriques de fil à coudre
ont leur cartel, les grossistes aussi, les détaillants aussi, les bazars
aussi. C'est une leçon de choses. L'écrasement des petits déplace
la lutte, ne la supprime pas. Le cartel des grossistes prit l'initiative d'une réglementation de prix uniforme dans toute l'Allemagne ;
le cartel des détaillants y accéda sans enthousiasme ; le cartel des
bazars y fit échec. Donc c'était à recommencer. Le cartel des
bazars essaya de s'entendre avec les commerçants de chaque localité, pour aboutir à la fixation d'un prix de vente uniforme, mais
par ville seulement. Les négociations n'aboutirent pas d'abord. Les
grossistes entreprirent de mettre la force de leur côté, et tentèrent
l'entente avec les fabricants : ceux-ci, maîtres de la production,
auraient imposé le prix de vente. Dans le cartel des fabricants,
une firme importante s'abstint au vote. Les grossistes, amis de
la violence, entreprirent de ruiner cette firme. La direction du
cartel distribua à ses membres une lettre circulaire à envoyer à
la firme en question pour l'informer que désormais on n'achète-
rait plus chez elle à aucun prix. Des 4.000 formules de lettres,
50 seulement furent signées et envoyées. Ce fabricant est sauvé,
provisoirement. Le syndicat des bazars entre temps reprit sa
campagne, pour obtenir en quelques endroits des ententes
locales sur le prix de vente des marques courantes. Le journal du
syndicat nous apprend que cette campagne réussit. En avril et en
mai 1910, il publie des listes déjà considérables de localités où a
été conclu entre tous les marchands le tarif minimal pour la vente
du fil à coudre.

Un second exemple concerne les tissus de soie.

De gros cartels sont engagés dans la guerre de la soie qui dure
depuis bientôt cinq ans : l'Union internationale des teinturiers en
soie, l'Union des fabricants de soieries en Allemagne, l'Union des
grossistes en soieries, l'Union des marchands de détail, l'Union des
bazars d'Allemagne. Or les fabricants ont dénoncé, il y a deux ans,
la garantie d'usage, c'est-à-dire une durée de deux ans après la
fabrication. Comprenez bien : plus aucun fabricant ne veut garantir qu'une étoffe de soie, par lui fournie, tenue immobile dans un
rayon, sera encore en état d'être vendue au bout de deux ans ! Les

grossistes et les détaillants ont commencé la lutte ; les fabricants se sont effacés devant les teinturiers, et ceux-ci ont résisté de front. Les teinturiers ont le secret de transformer un tissu de peu de valeur en belle soie compacte. Ça se fait, paraît-il, en ajoutant un demi-kilogramme de zinc à 1 kilogramme de tissu, et on obtient l'article qu'on vendra avec bénéfice par mètre 1 fr. 25 à 2 francs au détail. Un moment les fabricants et vendeurs, faisant bloc, faillirent l'emporter. La proposition était celle-ci : les teinturiers ne falsifieraient plus au delà de 35 du poids réel de la soie, et en ce cas les fabricants essayeraient de donner une garantie d'un an. Les teinturiers refusèrent. Alors les grossistes ne passèrent plus de commandes fermes aux fabricants, de peur de voir fondre leurs stocks à un moment donné ; les fabricants n'ayant plus à faire, les teinturiers n'eurent plus à teindre. En attendant, on vivait sur les stocks, et les prix montaient. Ensuite de quoi, les teinturiers se prirent à réfléchir et à étudier d'autres formules chimiques. La station d'essai technologique de l'État de Prusse s'est elle-même occupée de chercher la dose exacte de zinc qu'on pourrait incorporer pour que cela dure deux années.

La communauté d'intérêts qui englobe à la fois les bazars allemands, anglais et américains consiste dans la communication réciproque des prix et des négociations en cours ; elle se fait par les secrétariats centraux. Il en résulte que les bazars sont particulièrement armés pour peser sur le prix des articles dont ils sont acheteurs et pour paralyser les tendances des cartels. Ils pourraient, le cas échéant, commanditer des firmes qui resteraient en dehors d'un cartel ou en faire naître, grâce au groupement de la clientèle.

L'application de ces procédés est-elle possible dans la technique des petits commerçants autonomes et des artisans? Est-elle désirable et comment les réaliser?

Le groupement des achats est possible sans le sacrifice de l'autonomie économique : nous l'avons dit ailleurs, et l'exemple des grands magasins est là pour le confirmer, car il est à observer que, s'ils pratiquent volontiers le système des filiales, les propriétaires de grands magasins tiennent à leur autonomie et n'ont jamais tendu à la fusion complète.

La substitution de sociétés anonymes à la firme nominative ne paraît, jusqu'à présent du moins, avoir eu d'autre objectif que de modifier les conditions financières, en remplaçant le capital de commandite par le capital-actions. Il en résulta, somme toute, un affranchissement du chef de firme, car les banques, si elles étaient complaisantes, paraissent avoir été surtout exigeantes. C'est ainsi que nous voyons la *Disconto Gesellschaft* prêter à la firme A. Wertheim, de Berlin, des capitaux considérables, tantôt pour l'achat de terrains, tantôt pour la construction d'immeubles, tantôt pour augmenter le fonds de roulement. Mais elle touche en échange des intérêts sérieux et une part dans les bénéfices. Le total chiffré fut de 1.476.000 marcs en 1907.

Fait intéressant à noter, les cinq établissements belges de la Société anonyme Leonhard Tietz sont séparés de la Société anonyme allemande du même nom. Le fondateur est la même personne ; dans les deux Sociétés, sa direction est effective, son influence décisive dans les deux entreprises ; cependant elles restent deux êtres juridiques séparés.

Autre fait plus caractéristique encore.

Les grands magasins A. Wertheim de Berlin, fondés par les frères Wertheim vers 1870 comme magasins d'aunages, et transformés graduellement en bazar (chiffre d'affaires : 60 millions de marcs en 1903) reposent actuellement sur deux sociétés anonymes jumelles ; l'une au capital de 5 millions de marcs pour l'exploitation, l'autre au capital de 4.200.000 marcs pour la propriété immobilière. Ces deux sociétés anonymes sont autonomes, bien que l'affaire dans son ensemble appartienne toujours aux frères Wertheim.

Ainsi donc, il n'y a pas eu jusqu'à présent de tendance à absorption ; le groupement des achats n'a pas entamé l'autonomie des participants.

On en peut conclure que l'autonomie des petites firmes ne sera pas davantage mise en question par le syndicat d'achats.

Si le groupement des achats est possible, la politique des conventions le devient du même coup, car les syndicats d'achats, en se fédérant, constituent des acheteurs plus importants qu'un grand magasin.

Il suffira donc de tenir ces mêmes réunions périodiques, où se discutent les conventions entre syndicats de producteurs et syndicats d'acheteurs. Voilà la théorie.

En pratique jusqu'à présent il a manqué aux syndicats des petils, dans la plupart des pays, la quantité d'associés nécessaire pour les constituer en clients influents ; il leur manqua aussi très souvent la cohésion inébranlable et la capacité directrice, éléments indispensables au succès définitif. Il n'y a aucune raison pour que ces conditions ne se rencontrent pas dans les classes moyennes.

Les mêmes considérations ont pleine valeur pour les ententes plus étendues encore qui peuvent devenir nécessaires lorsque les cartels et les coalitions tendent de trop près au monopole.

Nous avons effleuré seulement, au cours des pages qui précèdent, les procédés techniques qui ont réussi aux grands et pourraient semblablement servir les moyens et petits commerçants.

Faute de temps, bien des points ont été laissés dans l'ombre, qui méritaient un examen détaillé.

Ce que nous en avons rapporté suffira peut-être pour faire naître la conviction qu'il y a quelque chose à faire dans cette voie.

La pratique aura tôt fait de découvrir les plus avantageuses d'entre les assimilations possibles.

H. LAMBRECHTS.